THINK TANK
REPORT

金砖国家中小企业
电子商务发展报告（2017）

E-commerce Development Report of the Small and
Medium Sized Enterprises of BRICS Countries（2017）

上海社会科学院经济研究所、联合国工业发展组织 / 主编

上海社会科学院出版社
SHANGHAI ACADEMY OF SOCIAL SCIENCES PRESS

研究团队成员

沈开艳　　上海社会科学院经济研究所研究员

王红霞　　上海社会科学院经济研究所研究员

李双金　　上海社会科学院经济研究所副研究员

张晓娣　　上海社会科学院经济研究所副研究员

张　佳　　上海社会科学院国际合作处外事项目官

王素云　　上海社会科学院经济研究所博士研究生

张伯超　　上海社会科学院经济研究所博士研究生

张春林　　上海社会科学院经济研究所硕士研究生

联合国工业发展组织亚太处审阅小组成员

王　圳　　联合国工业发展组织亚太处处长

Rifat Jabeen Khan　　联合国工业发展组织亚太处项目经理

成　啸　　联合国工业发展组织亚太处项目助理

Dragana Marusic　　联合国工业发展组织亚太处项目助理

Tariq Manzoor　　联合国工业发展组织亚太处项目助理

王蕾晰　　联合国工业发展组织亚太处实习人员

致　谢

本报告由上海社会科学院经济研究所(IESASS)课题研究小组编写,由联合国工业发展组织(UNIDO)的亚洲及太平洋处审阅、编辑和修改,旨在从研究视角引发征求意见、促进讨论。本报告仅代表作者观点。

来自金砖国家的若干专家为本报告的编写提供了意见,作出了贡献,包括:巴西 Enext 创始人兼总经理 Gabriel Alvares de Lima 先生,俄罗斯联邦工业和电子商务部 Marina Sadyki 女士,印度 FICCI-CMSME 名誉执行委员会成员 Harish Pal Kumar 博士,中国互联网协会互联网研究中心副主任李毅先生,南非 Datacomb 首席执行官 Percy Dumisani Mkhosi 先生。谨对以上专家表示衷心感谢。

声 明

本报告所采用的名称、针对各国进行的描述和分类，以及材料陈述，均不构成上海社会科学院(SASS)或联合国工业发展组织(UNIDO)针对任何国家、领土、城市或地区或其当局的法律地位、对其边境或边界的划分，或对其经济体制或发展程度发表任何意见。采用诸如“发达”“工业化”和“发展中”等术语，仅为方便统计工作，并非表示对发展状态做出的某种判断。本报告未经联合国官方编辑。

目 录

一、摘　　要

近几年来，金砖国家电子商务的快速增长令全球瞩目，金砖国家电子商务与中小企业的发展对经济和就业的作用及影响日益突出。为促进中小企业和电子商务发展，从而促进包容可持续工业发展（ISID-Inclusive and Sustainable Industrial Development），并最终实现可持续发展目标（SDGs-Sustainable Development Goals），本报告比较完整地分析和揭示了金融危机以来金砖国家电子商务与中小企业的发展及现状特征，探讨了金砖各国在电子商务发展进程中面临的问题以及挑战。在全球贸易标准和贸易协定谈判日益复杂、利益冲突日益尖锐的背景下，报告也特别探讨了金砖国家在电子商务发展的相关法律法规与制度现状和可能推动金砖国家电子商务贸易健康快速发展的贸易规则和标准制定，并对如何促进电子商务和中小企业发展提出了建议。围绕以上内容，本报告共分为六个部分，第一部分摘要，第二部分当前全球电子商务的发展态势,第三部分金砖国家中小企业电子商务发展现状,第四部分金砖国家中小企业电子商务发展的主要问题,第五部分金砖国家电子商务相关法律法规制度,第六部分进一步加强金砖国家电子商务和中小企业合作。

(一) 总 体 态 势

全球电子商务的发展方兴未艾,电子商务发展的新趋势值得关注。电子商务在全球零售贸易中的占比将继续快速上升,预计到2020年,电子商务在全球零售交易中的占比将从2014年的7.4%提高到14.6%。[①] 加之ICT技术、AI技术等现代信息科技技术的应用,电子商务将以前所未有的深度和广度改变全球生产网络、商业零售模式。随着移动终端电子商务的发展以及社交媒体的功能和应用拓展,人们的消费和生活方式也在经历巨大改变。新兴国家特别是占全球总人口42.19%[②]的金砖国家有着巨量的潜在消费人群和上网人群,随着金砖国家移动互联和电子商务渗透率的不断提升,新兴经济体电子商务的发展将带来更令人惊讶的表现。

---

① Office for National Statistics (UK) © Statista 2017.

② Shanghai Academy of Social Sciences calculation based on the world population data published by United Nations, Department of Economic and Social Affairs, Population Division, *World Population Prospects*, *the* 2015 *Revision*. https://esa.un.org/unpd/wpp/Download/Standard/Population/.

（二）金砖国家中小企业电子商务的基本特征

金砖国家电子商务的发展虽然有比较明显的国别差异，但是总体增长势头强劲。金砖国家电子商务2010年以来的平均增速约在20%上下（最高的如中国，其电子商务交易额年增速曾经高达37%以上），远超全球平均水平。从电子商务交易活动的增速来看，中国、印度、南非明显是增长最快的经济体，巴西和俄罗斯受多方面因素影响增速有所波动。从电子商务的交易总量来看，金砖国家中中国、印度的电子商务交易量最大，其次是俄罗斯、巴西，南非因其经济体量较小而排在最后。从金砖国家电子商务的交易商品品种来看，各国受国家发展差异的影响品种多元，但是零售贸易是主力。金砖国家电子商务平台为中小企业发展提供了良好的平台，有力地促进和带动了当地中小企业的发展和就业的增长。

（三）金砖国家中小企业电子商务面临的主要问题

各国发展进程中面临的信息、物流基础设施、信用与监管以及人才等共性问题与挑战比较突出。金砖国家电子商务的发展受自身因素影响,国别差异明显,各国发展进程中面临的问题与挑战也存在比较明显的差异,比如巴西的电子商务发展中面临比较突出的海关和税费问题,俄罗斯的跨境电子商务贸易中语言障碍比较突出,南非的支付和物流比较落后,中国电子商务信用体系健全和消费者保护对电子商务发展的影响正越来越突出。除却这个国别特征问题的制约,金砖各国电子商务发展进程存在一些比较一致的共性问题,突出表现在信息、物流基础设施完善、信用体系和监管体系、人才以及跨境贸易通关方面,急需要金砖各国的共同努力。

(四)金砖国家电子商务贸易规则和标准

金砖各国已经建立了程度不同的法律法规和投资、交易安全保障体系,但是金砖国家自身电子商务发展和金砖国家之间电子商务的交流与发展现实,迫切需要尽快建立和制定电子商务跨境贸易和规则标准。

从法律规范的全面性和系统性来看,中国在电子商务领域所涉及各环节上基本可做到有法可依、不曾缺位,但由于统一规范的《电子商务法》尚未出台,法律规范较为零散、具体而片面,应对发展迅猛、交易规模不断扩张、业态持续创新发展的新型电子商务,有时显得捉襟见肘;俄罗斯电子商务立法起步较早,对电子商务相关法律的修订和更新较为及时；印度法律法规相对匮乏，且通过程序非常复杂，电商相关政策和法案解读不够明晰，容易造成企业混乱；巴西系统性的电子商务相关立法进展缓慢，几乎都依赖于两部法律；南非立法规范对象较为片面，且出台时间较早，难以应对电子商务发展新形态和新趋势。从交易安全保障与消费者保护来看，受制于各国电子商务的发展程度，各国进展不一，中国已经明确将电子商务第三方平台的责任和义务、建立消费者权益保护的商品或者服务质量担保机制提上重要议程；俄罗斯的网络安全与信用是跨境电子商务快速发展同时日益突出的问题；印度仅在个别领域颁布实施一定的电商消费者保护法规；巴西网络和在线支付安全问题未能得到有效的保障；南非在反不正当竞争、信息加密保护等方面，仍存在大量的法律与标准空白。

金砖各国的法律、法规、政策、标准在发展程度、发展重点、利益诉求方面均有所不同，不仅在一定程度上限制成员国间跨境电商规模扩张，也使各国从事跨境电商的企业利益难以得到有效保障。为了建立金砖国家统一的跨境电商规则标准，本研究提出如下政策建议，包括：明确跨境电商国际规则制定的理念，建立跨境电子商务规则多边谈判机制，努力消除金砖国家之间的关税和非关税壁垒，健全国际合作与纷争解决体系，发挥好大企业和 eWTP 等市场主体在统一行业标准和规则中的作用，搭建“金砖国家标准与技术法规信息交互平台”，以及推动中国跨境电子商务标准的“走出去”。

(五)加强金砖国家中小企业和电子商务合作的建议

金砖国家电子商务合作是金砖国家经济和电子商务快速发展的内在和客观要求。不仅包括促进金砖国家内部和金砖国家之间开展电子商务的合作,而且包括促进和帮助金砖国家电子商务走向世界的合作。建立共同的利益机制是金砖国家电子商务合作的核心和基础。

在金砖国家经济伙伴战略合作机制下,为做好全面致力于电子商务的准备,成员国需要尽快建立电子商务合作机制,强化电子商务合作的共识和愿景,从战略上系统、有序推进,重点加强能力建设和合作,包括基础设施能力建设、技术创新、技能和专业人才培训等,如 ICT 基础设施、物流和配送基础设施、交通运输能力、电子商务发展技术支持,成员国内部和金砖国家之间电子商务物流信息平台数据交换、移动支付技术的合作与创新等方面,特别是帮助和提高中小企业使用互联网的技术和能力方面的合作等。

加强跨境电子商务在跨境贸易流程中关键环节的合作,包括在“单一窗口”、知识产权、贸易促进、中小微企业等方面的合作,特别是在电子商务技术趋势、标准制定、贸易规则、关税、技能培训、立法以及政策框架等方面的合作,促进金砖国家的跨境电子商务贸易,同时也加强金砖国家电子商务参与全球经济进程的合作,促进电子商务联盟的建设,促进中小企业电子商务准入等机制建设。通过开展直接让人民受益的务实合作,促进包容性的可持续性的发展和合作,带动经济增长和就业。

二、当前电子商务的全球发展态势

（一）当前全球电子商务发展概况

21 世纪以来，互联网、移动网络的日益普及和渗透加速了交易支付方式的革新和人们消费行为模式的转变，网上交易日益流行，全球电子商务发展正在进入一个方兴未艾的时代。

根据联合国贸易和发展会议组织（UNCTAD）的定义，电子商务是指所有通过网络和计算机进行的购买和交易活动，支付和运输方式可以线上也可以线下完成。[①] 一般来讲，电子商务包括企业对企业的交易（B2B）、企业对消费者的电子商务交易（B2C）、消费

① *UNCTAD*：INFORMATION ECONOMY REPORT 2015，CHAPTER I：REVISITING THE DEVELOPMENT POTENTIAL OF E-COMMERCE，p.3.

者对消费者的交易(C2C),以及企业对政府组织的交易(B2G)。

目前对于国内和跨境电子商务的价值尚无官方统计,仅有少数国家有关于电子商务收益情况的收集。对于全球电子商务的发展概况,目前可以利用的数据大部分来自私营咨询公司的调查或者相关机构的估计。

1. 市场规模巨大且保持快速增长

根据已有信息和联合国贸发会议组织的最新估计(UNCTAD),2015 年,全球电子商务市场规模已经达到 25 万亿美元,占全球 GDP 的 32.34%,是 2013 年市场规模的 1.39 倍(见图 1)。

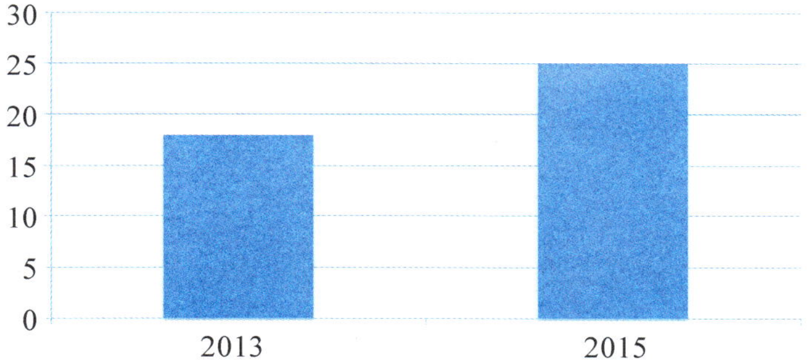

数据来源:UNCTAD estimates on the conference of "Towards Inclusive E-commerce", eCommerce Week 24 - 28 April 2017, Palais des Nations, Geneva。

图 1　2013 年、2015 年全球电子商务市场规模(万亿美元)

全球电子商务市场规模一直保持快速增长,2013—2015 年,平均年增长率达 12%以上,占 GDP 的比重,2015 年与 2013 年相比提高了 8 个百分点。部分国家地区电子商务交易额的增长更为迅猛,例如:美国 2015 年以来零售电子商务交易额的年增长率都在14%以上,[①]中国电子商务交易额(包括零售电子商务交易在内)自2013年以来则保持了最低27%以上的年增长率。[②]

2. B2B电子商务是全球电子商务活动的主力

在全球电子商务交易中,90%左右是企业对企业(B2B)交易,其次是企业对消费者(B2C)交易,C2C和B2G等其他电子商务活动交易占比相对较小(见图2)。总体来看,B2B电子商务是全球电子商务活动的主力。

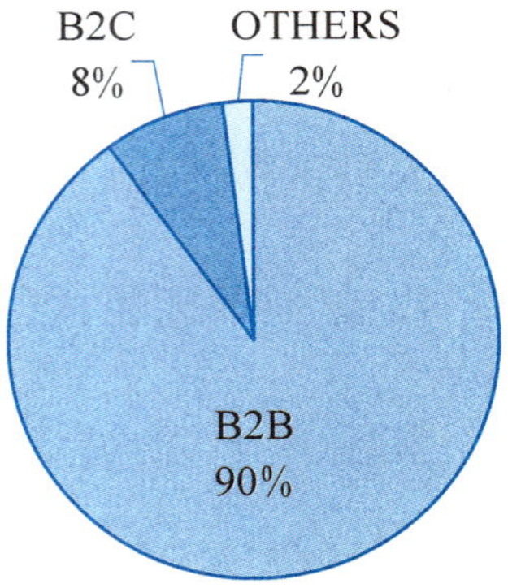

数据来源:Shanghai Academy of Social Sciences(SASS),UNCTAD。

图2 B2B、B2C及其他电子商务活动交易情况

3. B2C电子商务更为活跃且增长明显快于B2B

从新世纪以来全球电子商务的发展来看,新兴的电子商务企业活动以B2C电子商务为主。网上购物消费的兴起不仅改变了全球零售业的商业模式,而且也带来了B2C电子商务的空前发展,特别是2010年以来B2C的增长明显快于B2B。2013—2015年,全球B2C电子商务最低保持了20%以上的年增长率[③](见图3)。在亚太地区和拉丁美洲,2015年,B2C电子商务都实现了28%以上的增长。

① US Department of Commerce, US Cencus Bureau News, QUARTERLY RETAIL ECOMMERCE SALES, FRIDAY, FEBRUARY 17, 2017, AT 10:00 A.M. EST.

② The Ministry of Commerce, P.R. CHINA.

③ Ecommerce Foundation, Global B2C E-commerce Report 2016, September 2016.

其中中国 B2C 的增长速度更是高达 35%以上，而且根据 UNCTAD 的估计，2015 年，中国已经超过美国成为全球 B2C 最大规模的国家。

尽管缺乏官方统一口径的统计数据，但是从 UNCTAD，Emarketer，Ecommerce Foundation 等组织及咨询机构研究及市场调研结果可以推测，目前全球 B2C 交易额在 2.5 万亿美元左右。随着互联网渗透率的不断提升和在线购物消费的普及，全球 B2C 电子商务的增长还在继续保持两位数的高速增长，B2C 在整个电子商务活动中的占比将继续提升。

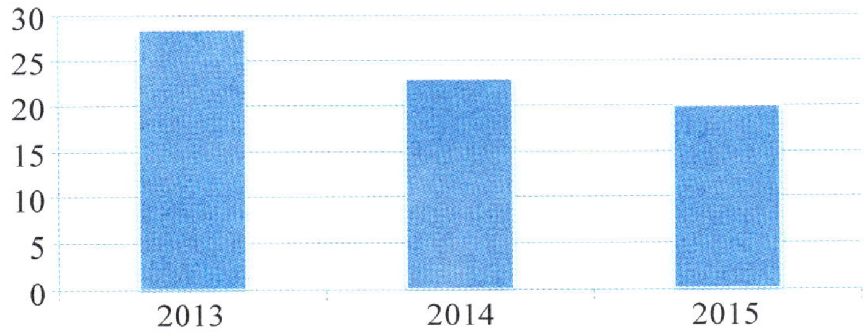

数据来源：Ecommerce Foundation，September 2016。

图 3　全球 B2C 电子商务增长率

4. 空间区域发展不平衡

(1) 发达国家依然是全球电子商务发展的主力

在 2015 年全球电子商务交易额排名前 10 位经济体中，除中国之外全部是发达经济体。联合国贸发会议组织的数据显示，美国依然是当前最大的电子商务市场，2015 年，美国电子商务交易额超过 7 万亿美元，其后依次是日本、中国、韩国、德国、英国、法国、加拿大、西班牙和澳大利亚(见图4)。十大经济体的电子商务市场规模之和约占全球市场的64.56%。

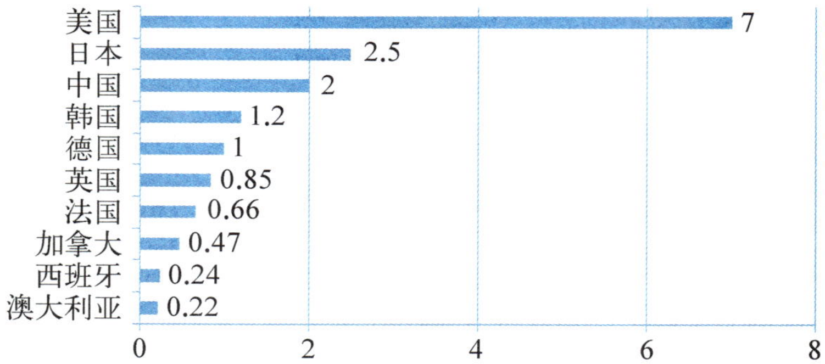

数据来源:UNCTAD estimates on the conference of “Towards Inclusive Ecommerce”, eCommerce Week 24-28 April 2017, Palais des Nations, Geneva。

图4 2015年全球电子商务交易额排名前10(万亿美元)

(2) 全球B2B和B2C销售额的百分比

无论是从B2B还是从B2C的份额分布来看,全球电子商务发展都呈现了非常突出的区域差异(见表1)。美国、日本B2B电子商务占据了全球B2B市场近40%的份额,B2C电子商务市场42%以上的份额则归属于中国和美国两大经济体。

表1 2015年全球B2C、B2B电子商务销售额前10(%)

国家	B2C占比	B2B占比
中国	21.25	6.14
美国	21.07	28.78
英国	6.89	2.88
日本	3.93	10.64

续　表

国　家	B2C 占比	B2B 占比
德　国	3.20	4.22
法　国	2.51	2.63
加拿大	1.65	1.88
韩　国	1.65	4.97
澳大利亚	0.96	0.84
西班牙	0.86	0.97

数据来源：Shanghai Academy of Social Sciences (SASS), UNCTAD estimates on the conference of "Towards Inclusive E-commerce", eCommerce Week 24 - 28 April 2017, Palais des Nations, Genev。

根据 eMarketer 的研究（见图 5），2011 年以来，亚太地区、拉丁美洲地区和中东非洲地区 B2C 电子商务市场规模明显增长，相比较而言，其他区域的市场表现则相对较弱，其中北美、西欧地区市场份额明显有所下降。

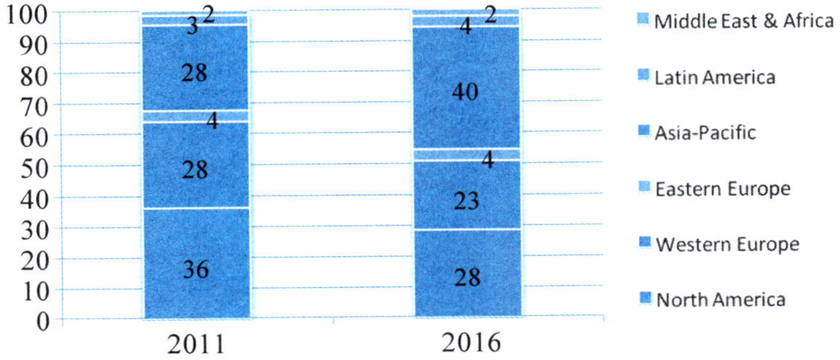

数据来源：eMarketer，2017。

图 5　2011 年、2016 年 B2C 电子商务地区市场规模（%）

5. 新兴经济体在全球零售电子商务领域表现突出

在全球零售电子商务领域,中国是目前世界上发展最快、交易规模最大的国家。根据国际贸易中心(ITC)和咨询公司 emarketer 的数据,2015 年,全球零售电子商务交易额最大的国家依次是中国、美国、英国、日本、德国、法国、韩国、加拿大、巴西和澳大利亚(见表 2)。与 B2B、B2C 指标衡量的市场表现不同,2015 年,巴西等新兴经济体也进入了全球零售电子商务市场排名前列。

表 2 2015 年全球零售电子商务交易额情况

国家	全球电子商务零售额(10 亿美元)	全球零售电子商务占比(%)
中国	672.01	35.09
美国	340.61	17.79
英国	99.39	5.19
日本	89.55	4.68
德国	61.84	3.23
法国	42.6	2.22
韩国	38.86	2.03
加拿大	26.83	1.40
巴西	19.49	1.02
澳大利亚	19.02	0.99
总和	1915	100

数据来源:International Trade Centre (2016). *Bringing SMEs onto the e-Commerce Highway*. ITC, Geneva, p.64. English Version. (www.intracen.org);

Emarketer, August 22, 2016;

https://www. emarketer. com/Article/Worldwide-Retail-Ecommerce-Sales-Will-Reach-1915-Trillion-This-Year/1014369。

随着移动智能终端的普及和电子商务的迅速发展，新兴经济体在 B2C 领域的表现也日益突出。2016 年全球 B2C 电子商务交易额前十大经济体中，中国、印度、巴西分别位列第一、第九和第十。①

6. 金砖国家电子商务市场潜力巨大

新兴经济体国家人口众多，特别是金砖国家（BRICS），总人口达 31 亿，占全球总人口的 42.19%。② 全球约有 25.2 亿人口使用互联网，③而金砖国家使用互联网的人口数量预计超过 10 亿，例如在中国，互联网人口超过 7 亿。

在互联网人口中，网上购物者占比的世界平均水平是 16%，金砖国家中的中国和俄罗斯这一指标明显处于较高水平，分别为 17.5%和 19.2%（见图 6）。因零售更多直接面对消费者，受人口规模因素的影响更加突出。

与此同时，金砖国家电子商务交易额的增速也非常可观。从 2015 年电子商务交易额的年增速数据来看，印度电子商务交易额的年增速达 54%，中国和俄罗斯分别为 27%、25%，巴西、南非也都保持了 15%以上的增速，④金砖国家电子商务的

---

① Economic Foundation, Global B2C E-commerce Report 2016.

② Shanghai Academy of Social Sciences calculation based on the world population data published by United Nations, Department of Economic and Social Affairs, Population Division, *World Population Prospects*, *the* 2015 *Revision*. https://esa.un.org/unpd/wpp/Download/Standard/Population/.

③ Economic Foundation, *Global B2C E-commerce Report* 2016.

④ souce: Data Insight.

发展势头十分强劲。

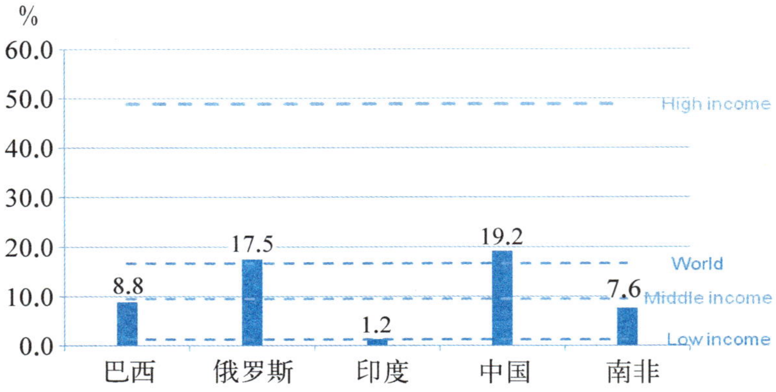

数据来源：ITC calculation based on Global Findex data，23 May 2017。

图 6　金砖国家互联网用户在网上支付账单或购物百分比

（二）电子商务对全球经济、技术进步和就业发展的影响

电子商务的主要工作载体是互联网和计算机网络技术的应用，作为信息技术应用的主要领域，电子商务的发展直接带动了信息产业链及其相关产业的联动发展，正在成为许多国家经济新的增长点。

1. 电子商务借助于 ICT 技术提高了市场资源的配置效率

信息已经成为信息时代最重要的战略性资源和经济资源。信

息获得性影响和决定了市场效率,也决定了市场资源的配置效率。电子商务区别于传统商务的本质特征在于其市场进入的便捷性,降低了市场供求双方搜寻市场交易相关信息的成本。借助于ICT(Information and Communication Technology)技术,无论是产品或服务提供者还是消费者,都可以随时随地获取所需要的直接信息或者间接信息,而且,由于互联网的开放性,使得可以获得的信息量足够大,从而极大方便了信息使用者的信息利用、信息处理和决策,提高工作效率——对于消费者来说,借助于互联网和移动通信技术,可以实现随时随地选择消费,增加消费的便捷性,降低消费的成本;对于企业来讲,借助于电子商务平台,可以更加容易找到客户,方便与上下游客户沟通,降低采购成本、销售成本和生产成本。

例如俄罗斯 Afour 公司——一家私人制鞋公司,借助于电子商务,俄罗斯本国或境外顾客都可通过网络来预订和通过 Paypal 支付订单。Afour 的订单中有 65%销往海外,而其中 50%则全部销往美国。占最大份额的买家主要来自美国、加拿大和澳大利亚等英语语言国家。如今除了南美及美洲,Afour 的贸易遍布全球。

有研究和测算表明:在线商品或服务的交易可以减少处理一笔交易平均成本的 90% ,减少购买商品和服务直接成本的 11%。[①] 电子商务通过 ICT 互联网通信技术使获得信息的成本更低、更加快捷和方便,大大减少了市场交易环节和交易成本,提高

① "Internet Economics-A Thinker's Guide. "The Economist, April 1, 2000, pp. 64 - 66.

了市场配置资源的效率。

2. 电子商务改变了传统的商业模式和生产销售模式

传统商业是建立在实体和物理空间上的活动,与传统商业模式相比,电子商务通过使商业活动各环节电子化、网络化、信息化,突破了地域空间限制,从而带来商业模式的改变。电子商务对传统商业模式的影响主要体现在两个方面:一是改变了市场价格体系和商品定价体系。在传统商业模式下,由于信息不对称特征突出,拥有更多信息的企业或者商家掌握定价优势,而在电子商务模式下,信息的易获得性使得信息拥有者的差异大大缩小,因而商品定价更加接近完全竞争。二是颠覆了传统的市场营销观念。电子商务使得营销变得直接、方便、高效,接近客户或者消费者,市场营销的渠道和方式更加灵活、多样化,而且由于电子信息化的普及和应用,营销的针对性更强。

借助于信息和计算机技术,电子商务大大缩短了生产厂家与消费者之间供应链的距离,改变了传统的市场结构和产业链上传统的合作方式,企业可以跳过经销商而与客户直接联系,客户的需求可以直接转换为企业生产的指令。电子商务对生产模式的影响是通过企业内外部同时发挥作用的,如图 7 所示,对企业内部来讲,电子商务可以影响企业的原材料供应模式和分工模式而影响生产模式;对企业外部来讲,电子商务可以通过影响市场和用户反馈而影响生产模式的改变。传统市场分工结构可能通过互联网而由外部分工转变为企业的内部分工,或者相反,由企业内部一体化转变为市场独立分工，从而由市场交易来协调分工关系。也就是说，新信息和通信技术的可得性将使经济主体通过发展电子商务而实现分工结构、产品结构乃至整个产业结构的自动调整。

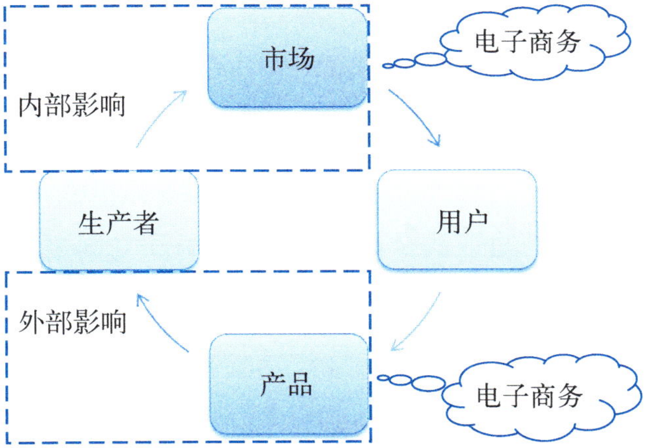

资料来源：Shanghai Academy of Social Sciences。

图 7　电子商务对生产模式的影响

巴西 Mash 公司为我们提供了很好的案例：利用电子商务平台进行销售、获得订单、然后企业实现订制式生产。Mash 是巴西一家经营男士内衣、服饰和配饰的公司，公司有大规模的商品在市场流通，通过多家不同品牌的零售商和一家独有的电商渠道进行销售。由电商和公司的商务团队共同制定电商平台销售的商品种类，这些商品将从网上被买家下单，再到工厂进行生产。其流程是如此运行的：当有消费者下单时，订单会被传送到 Clearsale 的反欺诈系统中，进行审核、确认，订单被批准之后，VTEX 平台会将订单数据例如商品信息，连同消费者的信息包括地址、CPF等，发送到E-millennium的ERP系统中。一旦订单到达ERP系统，Mash的分拣、包装和邮寄团队会马上开始订单作业。在分拣阶段，商品会被收集到仓库，同时从ERP系统中核销，当包装收据印发后，所有的订单信息和税费将被采集，收据会和商品一起打包。最后，在邮寄时，会生成一个巴西邮政的追踪号码，由Mash的承运人进行运输。追踪号码会被登记在系统中，并寄给消费者以便实时追踪订单状态。这样，从生产到市场全过程不仅有电子商务的影响，而且电子商务模式也从根本上改变了传统的生产和商业模式。

中国成立最早的钢铁全产业链大宗B2B电商之一“找钢网”，通过全产业链生态打造，全产业链业务已全面拓展到一站式信息化仓储加工服务、第四方物流平台、互联网金融业务、国际电商等。找钢网的发展正在影响着中国钢铁行业的转型升级，改变其粗放式发展模式，促进行业从较混乱的“批发制”变革为较先进的“零售制”。①

3. 电子商务的不断深入发展反过来又促进了技术进步

电子商务对技术进步的影响体现在以下几个方面：

一是生产工艺流程技术创新。电子商务加剧了企业间的竞争，特别是直接降低了产品成本和价格，企业要在市场竞争中占有和保持优势，必须进行技术创新，以维持产品的低价格优势。

---

① 《找钢网五大变革重塑B2B生态》，http://finance.hebei.com.cn/system/2016/12/02/017602548.shtml。

二是产品创新，在激烈的市场竞争环境下，企业维持竞争优势的另一有效途径就是产品的创新，实施产品差异化战略，提供多样化的产品参与竞争，凸显优势。

三是电子商务带来的金融支付方式创新。网上购物和交易对传统的现金和现场交易方式带来极大的挑战和冲击，安全、便捷、快速高效的交易和支付方式作为电子商务流程中的重要环节，为适应电子商务的快速发展，也不得不进行相应的改变和革新。例如最近几年出现的 Apple pay、paypal、Alipay、NFC、Pay TM 等移动支付方式，不仅带来支付方式本身的技术进步，而且也带来电子支付过程中安全支付的技术革新，如安全加密、区块链技术等。

四是电子商务的发展内在推动了计算机网络技术、通信技术和人工智能技术的进步。电子商务的发展依存于 EDI（Electronic Data Interchange）即电子数据交换技术、Internet 网络技术、Web 浏览技术、数据库技术以及通信数据处理技术，没有这些技术的支撑和进步，就不会有电子商务的发展。相应地，电子商务的快速发展也内在推动了这些技术的进步，比如中国 B2C 电子商务的快速增长对电商企业的网络连接和数据交换提出了更高要求，“淘宝”网在第一次举办 11 月 11 日促销活动时曾经遇到“网络崩溃”，事件发生后，引发了电商企业对网络和数据交换技术的升级，在一定程度上推动了中国通信网络技术创新。移动购物消费新潮流的出现激发了人工智能技术的进一步创新，亚马逊、阿里巴巴等世界著名电商企业和互联网公司如 Google、Facebook 等都在加大这方面的投资。

4. 电子商务通过商业模式的创新助推中小企业的发展和就业增长

利用电子商务方式,企业可以构筑覆盖全球的商业营销体系,实施全球性经营战略,加强全球范围内行业间合作,进而增强全球性竞争能力。特别是对于小企业或规模较小的行业,电子商务打破了规模壁垒,不仅降低了这些企业进入市场的成本和难度,而且通过电子商务可以了解世界范围市场需求,促进其与遍布全球的公司间合作。

B2B 在线市场为来自发展中国家的供应商提供了进入出口贸易和全球供应链的机会,例如印度最大的在线 B2B 电子商务平台 IndiaMart.com,[①]主要提供面向中小企业的服务;中国的阿里巴巴(Alibaba.com),是中国目前最大的 B2B 电子商务平台,也是世界最大的电子商务平台之一,阿里巴巴服务于全球约 1 亿以上的中小企业买家,其中 100 万中国国内供货商、2.5 万中国境外供货商、1 000 万中国国内采购商,1 亿左右中国境外采购商。[②] 2012 年成立、2015 年就实现盈利的找钢网,通过建立的数据通道助推银行等金融机构快速、便捷、安全地支持到上游制造业和下游小微服务业,找钢网建立的跨境零售渠道则帮助钢铁等工业制造业更好和更健康地走出国门,改变其过去粗犷的出口模式,在产业链国际竞争中占据有利地位。

---

① http://www.indiamart.com/corporate/about-us.html.

② 阿里巴巴 B2B 市场部,2016 年 3 月发布。

B2C电子商务的发展不仅助推了诸多中小企业的发展，而且直接带动了就业的增长。目前中国最大的B2C平台之一京东，其电商平台为100多万家中小企业提供服务，直接和间接带动就业达400多万人，[①]淘宝天猫零售电商平台带动的就业据估计达1 100万左右。其中，特别值得注意的是，B2C电子商务的发展极大带动了创业和女性就业的增长，例如，在中国淘宝网的网上店铺，有49%的店铺老板是女性。

电子商务通过商业模式的创新助推了中小企业的发展和就业增长。中国三只松鼠电子商务有限公司的发展也为我们提供了有力的案例：三只松鼠公司成立于2012年2月，目前公司已拥有雇员超过2 000人。借助于电子商务带来的商业模式创新，从2012年6月的第一笔订单到2016年全渠道销售额超过55亿元，三只松鼠只用了5年时间就一跃成为中国国内知名企业。

5. 促进中小企业参与全球经济进程

电子商务通过在信息搜索、沟通交流和全球市场营销方面降低成本、提高效率，促进中小企业参与全球经济的进程。特别是跨境电子商务为中小企业提供了独特的机会参与国际贸易和全球经济进程，而不必受制于境外投资和中介的影响，同时，良好的在线

---

① 本课题组对京东总部调研数据，2017年5月24日。

交易还可能为中小企业轻松赢得国际信用,[①]有助于中小企业的发展壮大。

巴西的 Luiza Barcelos 公司是电子商务促进中小企业参与全球化进程最好的案例之一。该公司是一家巴西鞋类品牌,成立于 2013 年,2016 年伊始,公司通过电子商务开始展开全球化进程,将 Shopify 平台用于其美国市场,使用 PayPal 进行支付,很好地实现与美国市场的融合。南非的 UAfrica 公司也借助于电子商务实现了全球化,在 UAfrica 平台运营的电商通过使用 Shopify 可完整罗列所有商品,一旦产生新的订单,信息将即刻发送至 Shopify,通过 Shopify,电商在各销售平台的库存状态可即刻更新。南非的"Nontle 美发"公司通过电子商务活动,为全球各地的顾客提供各类产品,其销售范围遍布巴西、秘鲁、马来西亚以及亚欧。

(三) 全球电子商务发展趋势

从电子商务的发展阶段来看,电子商务从出现到成熟一般要经历信息发布平台阶段(主要是工具和渠道功能)、信息交易服务平台阶段(信息价值链形成)、信息整合服务(信息价值链延伸)三

---

① International Trade Centre (ITC): *BRINGING SMES ONTOTHE E-COMMERCE HIGHWAY*, Geneva, 2016.

个阶段，如图 8 所示。总体来看，目前全球电子商务的发展处于成长期，部分发达国家和地区的电子商务活动正在逐步进入成熟期，电子商务对整体经济和产业活动的影响更加深刻突出。

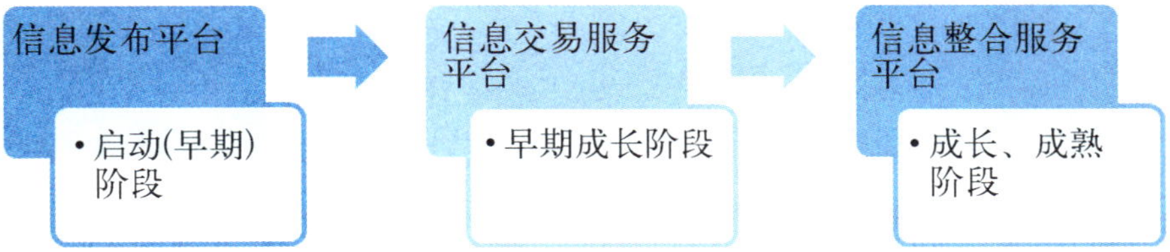

图 8　电子商务发展阶段

随着越来越多的人使用互联网和偏好网上消费，全球电子商务交易规模仍将保持快速增长，但增速有所趋缓。全球电子商务的发展正在呈现以下几个趋势：

1. 移动电子商务正逐渐成为主流

目前的电子商务交易中，移动智能终端的使用越来越多。在欧美发达经济体，有 70%左右的 B2C 零售电子商务交易来自移动终端；在中国，有接近四成的买家使用移动终端发布采购需求。随着移动终端和互联网的加速融合，移动电子商务正逐渐成为主流。根据 Goldman Sachs 的最新研究，到 2018 年，全球从移动端获得的营业额将取代一半的电子商务所产生的收入。

2. 跨境电子商务将获得极大发展

当前，国际贸易呈现小单化、高频次、个性化定制的新特点。

随着ICT、互联网、物联网和人工智能技术的推广和普及，跨境电商(包括B2B和B2C)在全球贸易中的比重将继续快速提升。特别是跨境零售电子商务，将随着交通基础设施和物流系统的不断完善可能出现爆发式增长。

3. 电子商务生态产业链和服务生态逐渐形成

随着电子商务的普及和快速发展，大量企业从线下贸易转变为线上贸易，当用户在不同产业环节形成黏性后，电商平台将成为上下游产业链的整合平台，从而逐渐形成电子商务生态产业链，并相应地带动电商平台、互联网金融、智能物流、网络信用等在内的电商服务，使其生态日益繁荣。

4. 社交媒体对电子商务活动的影响日益突出

互联网增长最快速的部分就是流动社交媒体用户的数量。2014年以来，社交媒体等新媒体发展迅速。2015—2016年，全球利用流动设备来使用社交媒体的人数便超过2.8亿人。从目前的情况来看，Twitter、Facebook以及wechat都有网上购物链接入口。随着社交媒体对人们日常生活影响的加剧，通过社交媒体接口进行网上购物将愈发普遍。当前中国最新出现的“网红”电商、“直播”电商，表明社交媒体与电子商务的融合正在深入发展。

5. 全球电子商务重心将逐步转向新兴地区市场

近年来，以亚太、中东欧、拉丁美洲、中东以及非洲地区为主的新兴经济体电子商务发展迅速，增速远远超过北美和西欧地区，随着这些新兴经济体互联网人口比重的不断提升和创新能力的不断提升，例如这些国家和地区在支付系统、物流体系、O2O 等商业模式方面不断进行创新，新兴国家和地区电子商务在全球中的比重将不断上升，全球电子商务重心正在逐步转移。

6. 中小企业电子商务活动将迎来快速深入发展

中小企业是世界经济发展的活跃力量。目前，受制于电信和 ICT 基础设施条件，许多国家和地区的中小企业尚未开展或者尚不能开展电子商务活动。然而，随着互联网渗透率的不断提高和 ICT 基础设施的不断完善，将会有越来越多的中小企业进入电子商务领域。可以预见，随着电子商务活动的不断深入发展，将有越来越多的中小企业使用互联网开展电子商务活动，中小企业电子商务活动的参与度也将愈来愈深。

三、金砖国家中小企业电子商务发展现状

（一）巴　西

1. 中小企业总体状况

巴西《微型及小型企业法》界定企业是否为微型或小型企业的标准只有年交易额，该法只定义了微型和小型企业，并未将中型企业考虑在内。巴西国家地理与统计局（IBGE）[①]根据企业的员工数量对中小企业制定了界定标准，如表1所示。

① 巴西地理与统计局——巴西最权威的机构之一，负责提供地质、社会、人口、经济数据。

表 1 由巴西《微型及小型企业法》制定的巴西中小企业界定标准

企业分类		
目录	年总收入	从事贸易和服务的员工数
个体户(MEI)	低于 R$60 000 (相当于 18 900 美元)	-
微型企业(ME)	介于 R$240 000 和 R$360 000 之间 (相当于 75 600 美元到 113 000 美元)	不超过 9 名员工
小型企业(EPP)	介于 R$360 000 和 R$3 600 000 之间 (相当于 113 000 美元到 1 130 000 美元)	10—49 名员工
中型和大型企业(MGE)	高于 R$3 600 000 (相当于 1 130 000 美元)	超过 50 名员工

数据来源：巴西国家地理与统计局。

巴西发展银行(BNEDS)采用另一组交易额为依据，对企业规模做出了分类，该分类适用于所有行业，如表 2 所示。

表 2 由巴西发展银行制定的巴西中小企业规模界定标准

企业目录	年交易额
微型企业(ME)	低于/等于 R$2 400 000 (相当于 757 000 美元)
小型企业(EPP)	高于 R$2 400 000 且低于/等于 R$16 000 000 (相当于 757 000 美元到 5 050 000 美元)
中型企业(EMP)	高于 R$16 000 000 且低于/等于 R$90 000 000 (相当于 5 050 000 美元到 28 400 000 美元)

续　表

企业目录	年交易额
中型和大型企业(MGE)	高于 R$ 90 000 000 且低于/等于 R$ 300 000 000 (相当于 28 400 000 美元到 94 700 000 美元)
大型企业(GE)	高于 R$ 300 000 000 (相当于 94 700 000 美元)

数据来源：巴西发展银行。

巴西过去几年经济发展的不稳定并未影响到新建企业的数量。DATASEBRAE 2014 年的数据表明，巴西全国的企业中有 99.1%为中小企业，2014 年总数达到 850 万。全国微型企业的数量从 2009 年的 260 万增长到了 2014 年的 290 万，涨幅达到 10.4%；小型企业(MPE)2009 年的数量为 662 230 家，2014 年总数达到 865 812 家，涨幅为 30.7%，超过中型和大型企业(MGE)的涨幅，中型和大型企业数量的涨幅为 10.3%，如图 1 所示。

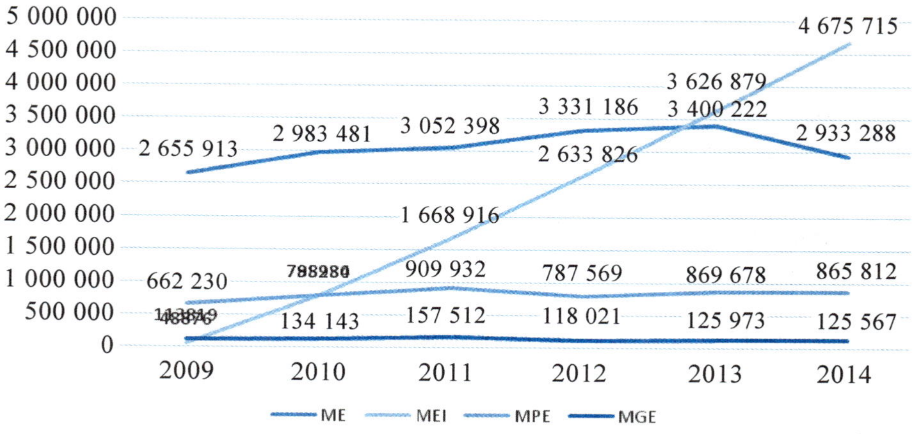

数据来源：DATASEBRAE。

图 1　2009—2014 年巴西不同规模企业注册数量的变化趋势

中小企业不仅推动了经济的发展，还促进了就业。依据巴西小微企业支持服务机构（SEBRAE）的数据，2013 年，中小企业共创造了约 1 710 万的就业岗位，占所有就业岗位的 52%，薪金支出占所有支付给私营企业正式员工薪金的 40%。

2. 巴西电子商务发展总体状况

近年来，巴西电子商务迅猛发展，巴西电子商务的市场规模从 2011 年的 60.3 亿美元增长到 2016 年的 143 亿美元，电子商务对 GDP 的贡献从 2011 年的 0.23%增长到了 2016 年的 0.75%，如图 2 所示。

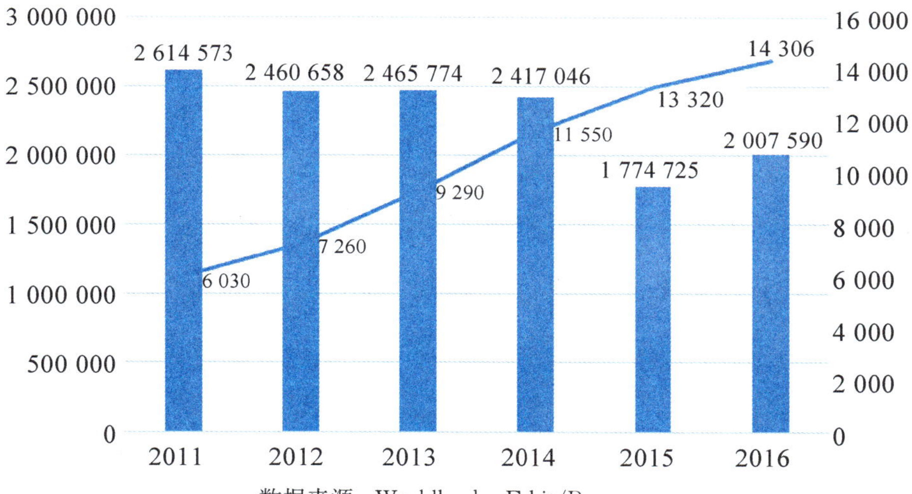

数据来源：Worldbank，E-bit/Buscape。

图 2　2011—2016 年巴西每年实际 GDP 以及电子商务收入对比

但是根据 E-marketer 团队的一份研究报告，巴西的电子商务交易额增长率呈逐年下降趋势，2014 年的增长率为 24.0%，2015 年的增长率则下降到了 17.3%，如图 3 所示。

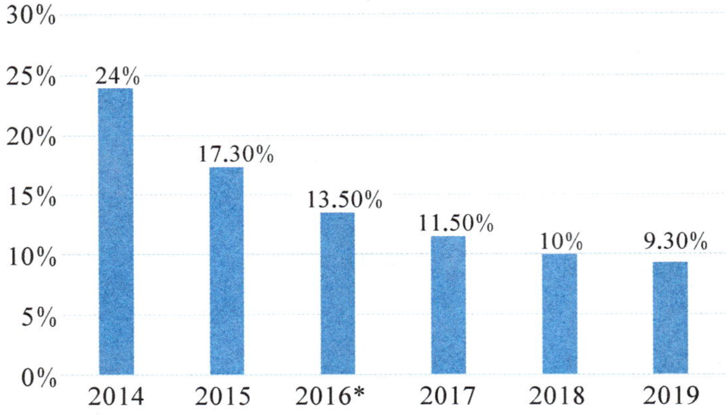

图 3　2014—2019 年巴西电子商务交易额增长率趋势

3. 中小企业电子商务发展状况

根据 e-Bit 的数据显示,巴西 2016 年电商营业额规模达到 143 亿美元,与 2015 年相比名义增长率为 7.4%,预计电商在 2017 年将有更进一步的增长,营收方面会有 12%的上涨,达到 163 亿美元。而中小企业电子商务营业额增速从 2013 年的 28%下降到了 2016 年的 7.4%。究其原因,主要是自 2010 年以来,从美国等发达国家回来的巴西尖端人才试图模仿美国的电商模式,在当地发展出大量的细分垂直电商,但经过几年的发展,这些公司的现金流状况普遍较差,持续亏损,主要是当地缺乏类似于中国和美国那样活跃的投资氛围,企业融资很难。另外巴西基础设施薄弱的现状,也给电商发展带来巨大的挑战。另外,巴西骨干物流相对较为完善,但最后一公里的条件却很差。巴西国有企业——巴西邮政一家独大,尽管有 DHL、UPS、TNT、FEDEX 等全球快递公司的补充，但巴西电商物流总体来说还是价格贵、服务差、效率低、错误多，给当地电商产业发展带来巨大的限制。据统计，在巴西当地，87％的电子商务网站通过巴西邮政运输货物，36％的电商也会选择使用专业快递公司，这些快递公司一般没有包裹的大小限制，并且可以根据送货速度、价格要求等提供不同的服务，但往往价格很高，最终导致巴西的电子商务增速逐年放缓。

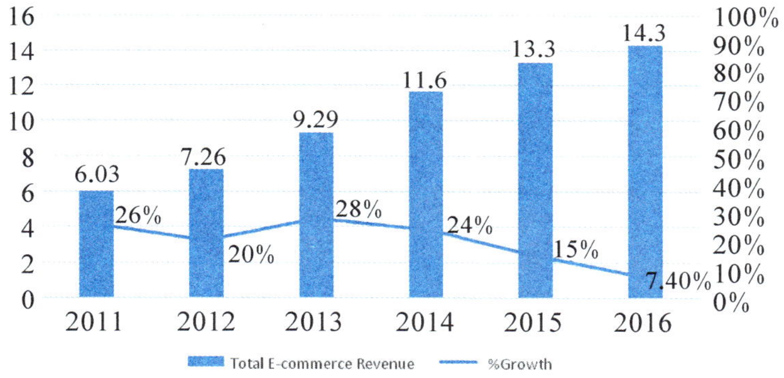

数据来源：E-bit/Buscape。

图 4　2011—2016 年电商总营收发展状况

电子商务快速发展的直接原因是网民数量及智能手机使用量的迅猛发展。巴西拥有 2.04 亿人口（IBGE，2016），网民数量为 7 500 万；到 2016 年，网民中的 4 800 万为活跃消费者（e-Bit，2017）。

消费者的购买习惯也随之发生了改变。2015 年，从移动终端登录网店的消费者占到 35％（e-Bit），也就是说消费者的网购及在线浏览网店的行为有三成来自移动终端，例如手机或平板。巴西人通过移动终端网购的比重从 2015 年的 15％上升到了 2016 年的 21％。

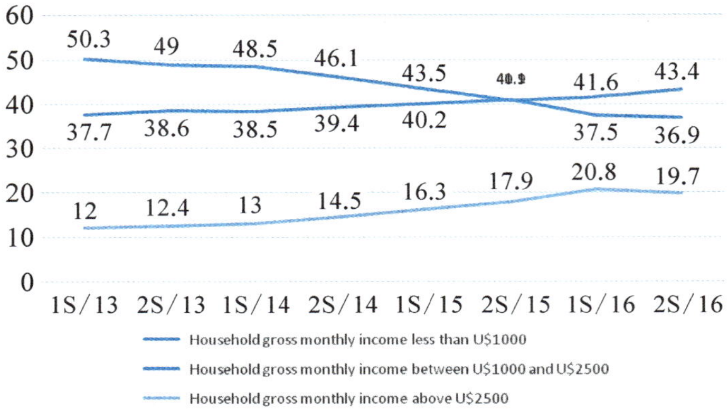

数据来源：E-bit/Buscape。

图5　2013—2016年收入与网购参与度的关系

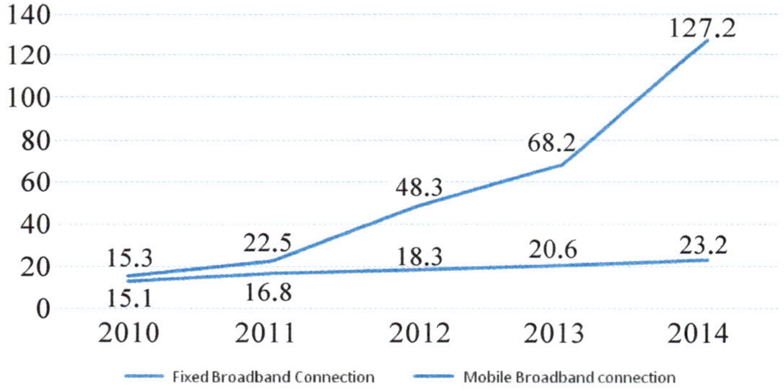

数据来源：IBGE。

图6　2010—2015年从固定宽带和移动宽带的增长看网络普及状况

跨境电商也有所增长，据估计，有2 120万消费者从国际电商平台上购物，营收达到24亿美元，比2015年增长了17%，比2014年增长了38%(e-Bit，2017)。中国网站对于跨境购物有着重要的影响力，有45%的巴西人在跨境购物时偏爱Aliexpress.com，亚马逊紧随其后，占到40%，eBay占到26%。排名前五的商品类型分别是：电子、电脑、服饰配饰、手机和玩具(e-Bit，2017)。

4. 跨境电子商务发展状况

《巴西 B2C 电子商务报告 2016》显示，巴西消费者不购买境外商品的最主要原因是收货时间太长，其次是一旦返货可能成本太高。

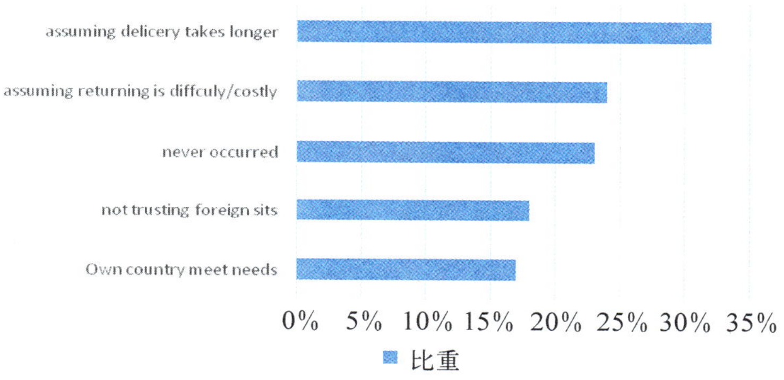

数据来源：Google Barometer。

图 7　不购买境外商品的主要原因

巴西消费者跨境消费的主要商品是服装鞋类，明显高于其他类别。

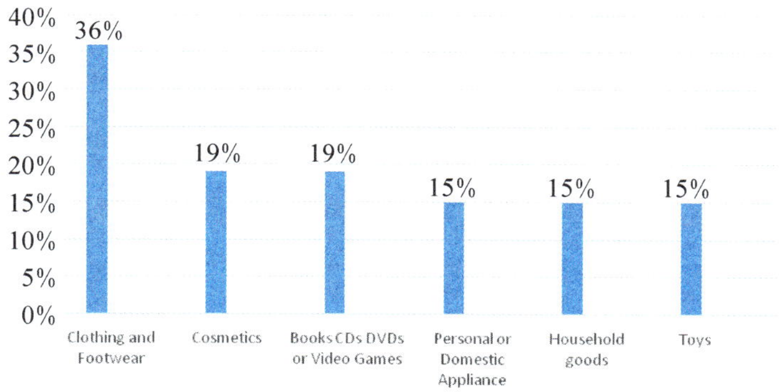

数据来源：Google Barometer。

图 8　巴西跨境消费的主要商品类别

5. 管理机构与政策

(1) 电子商务管理机构

巴西的中小企业和电子商务涉及不同领域的多个机构,包括公共和私人机构,每一个都在生态系统中扮演着独一无二的角色。

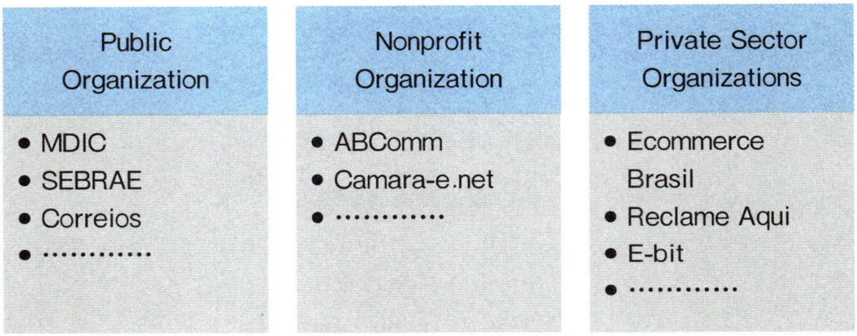

图 9　巴西电子商务生态系统中的公共和私营组织

• 巴西工业外贸和服务部(MDIC)

巴西工业外贸和服务部负责为巴西联邦政府制定工业和外贸政策,其管辖范围包括:(1) 工业和服务发展政策;(2) 知识产权和技术转移;(3) 测量标准化和工业质量;(4) 制定规章制度和执行外贸相关计划和活动;(5) 对外贸易谈判;(6) 创新和竞争力政策。MDIC 还制定支持中小企业发展的政策,是进行贸易活动注册的主体。

• 巴西小微企业支持服务机构(SEBRAE)

巴西小微企业支持服务机构是非营利性的、自发组建的社会机构,以促进国内小企业的可持续发展、提高其竞争力为目标。通过鼓励创业，为小企业提供指导，帮助其发展并创造就业机会，以此推动巴西经济发展。SEBRAE 的目标是创造一个更有利于中小企业发展的环境，完善法律体系，协同公共和私人机构提供交流机会、培训和共享计划，让中小企业进入市场和获得技术的过程变得更为顺畅。

- **巴西邮政(Correios)**

巴西邮政是一家国有企业，为全国提供邮政服务，负责巴西运输和邮件递送。公司为巴西联邦政府所有，并隶属于通信部。其中一项服务叫 e-SEDEX，是一种仅仅针对重量小于 15 公斤的电商商品的快递服务。

- **巴西电子商务协会(ABComm)**

巴西电子商务协会是一家非营利性质的机构，活跃于各政府机构之间，保护电商在与公共机构交易中的权益，召集信息科技、活动策划、新闻媒体和市场服务领域的电商代表，并举办经验交流会，为小微企业参与到巴西电商市场提供空间。

- **巴西电子商务商会(Camara-e.net)**

巴西电子商务商会成立于 2001 年 5 月 7 日，是拉丁美洲最重要的跨行业机构，是数字经济机构的代表，其基本职责是促进电子支付的安全性，制定政策，尤其是完善行业规范，为促进国家发展实施激励措施提供法律保障。

- **“巴西投诉”网站**

“巴西投诉”网站成立于 2001 年，为消费者提供投诉渠道，网站会通知被投诉商家，并要求其对投诉作出回应，所有这些回应都会被放在网站上，由消费者对这些回应打分和作出评价。同时，网站还是一个非常有用的数据库，影响着消费者的消费行为。“巴西投诉”将公司的被投诉次数、回应的速度和投诉解决的效果进行打分和排名，分类出最优和最差的公司。

- **电商巴西**

电商巴西是一家私人机构，目标是推动巴西的电子商务市场发展，提供专业内容，培养行业专业人才，推动电商发展，例如举办跨国活动，其中巴西电商峰会被弗雷斯特研究公司认为是世界上第三大、拉丁美洲最大的电商盛会。

- **巴西在线消费行为研究公司 E-bit**

从 2000 年起，E-bit 一直为企业提供有竞争力的情报，为其创造价值，并帮助消费者选择有信誉的商家。E-bit 拥有先进的系统，商家在获得认证之后，可以与超过 2.1 万家电商连接，直接从在线买家那里收集数据，生成消费者消费行为的相关信息。E-Bit 在帮助了解巴西电子商务形态方面起着重要的信息来源作用，对行业发展作出了重要贡献。

(2) 政府政策

- **国家简易计税法**

降低了税收负担，缓解了官僚主义带来的影响，增加了公司之间的合作，鼓励信贷和资本进入市场，2007 年 6 月 30 日，巴西政府制定并实施了国家简易计税法，大大降低了企业的税收负担。由于该法针对中小企业，对巴西经济结构也影响重大，尤其推动了巴西电子商务市场，使公司和就业正规化，促进了社会的包容性。截至2017年1月，有超过1 200万企业进入简易计税法计划，他们来自不同行业，如图10所示。

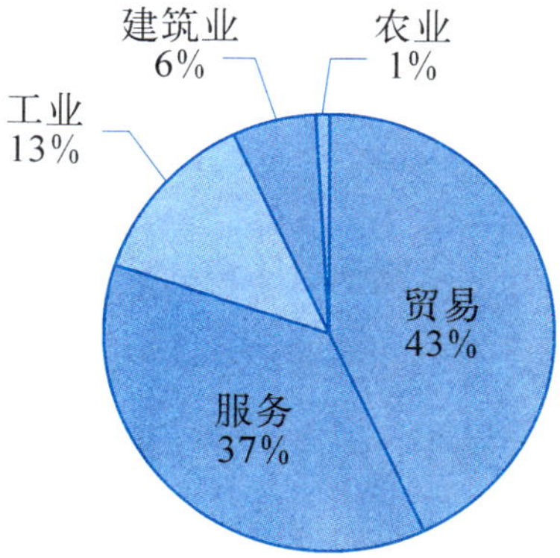

数据来源：DATASEBRAE。

图10 2017年企业所在行业领域比例

国家简易计税法也引起了不少企业的反对。首先是因为简易计税法采取审批制，只有那些审批通过的公司才能享受到该机制带来的好处。其次，虽然国家简易计税法的确为许多公司降低了税费，仍然有一些公司反而需要多缴税，因为不同州的计税方式不同会导致相应的差异。另外，计算方式过于复杂也是招致反对的原因之一。

- **国家宽带计划(PNBL)**

国家宽带计划是巴西政府实施的一项重要举措，旨在全国范围内为那些上不了网的个人、政府机构、企业提供可负担得起的网络宽带，使其能惠及大多数人口并激励互联网供应商积极投资于国家的互联网服务基础建设。

实施国家宽带计划后，巴西超过612座城市能够得到Telebras网络服务，占巴西总人口的40%。2010—2014年，宽带连接数从1 310万跃至2 320万，移动宽带接入数也从1 530万猛增至1.272亿，覆盖的城市数量从681蹿升至2 930座。该计划对巴西国内的电子商务发展起到了巨大的促进作用。

6. 实践案例：利用电子商务优化销售流程以及拓展海外市场

- **案例 1：Mash 公司利用电子商务优化销售流程**

Mash 是巴西一家经营男士内衣、服饰和配饰的公司。公司有大规模的商品在市场流通，通过多家不同品牌的零售商和一家独有的电商渠道进行销售，公司成立于 2012 年，是独立于工厂的主体，其门户网站为 www.mash.com.br。

Mash 完整的电商销售方式如下：由电商和公司的商务团队共同制定电商平台销售的商品种类，这些商品将从网上被买家下单，再到工厂进行生产。这些买家订单将被登记在一家名为 E-millennium 的在线平台上的 ERP 系统中，产品被虚拟登记在 ERP 系统中，等待商品到库。

Mash 网店在巴西圣保罗，整个物流由 Mash 的电商团队运营和管理。商品将从工厂被送往网店的仓库，收到商品后，物流经理会检查收货清单是否与商品数量相符，并检查商品是否与 Mash 电商商务团队的下单商品相符，如果没有问题，商品将被储存，并随时准备放上 VTEX 电商平台。Mash 的商务团队会与代理公司 Enext 的通信团队沟通，Enext 帮助其在不同平台上进行网络推销，例如 Email Marketing、Google、Facebook、Globe. com 等。Mash 团队也会通过其在巴西的商业渠道对产品进行销售，例如 MercadoLivre、Submarino 等。

一旦展开推销，消费者就会被引流到网站并进行下单，当有消费者下单时，订单会被传送到Clearsale的反欺诈系统中，确保消费者信息相符，因为付款将通过BrasPag支付系统进行处理，订单被批准之后，VTEX平台会将订单数据例如商品信息，连同消费者的信息包括地址、CPF等，发送到E-millennium的ERP系统中。

一旦订单到达ERP系统，Mash的分拣、包装和邮寄团队会马上开始订单作业。在分拣阶段，商品会被收集到仓库，同时从ERP系统中核销，当包装收据印发后，所有的订单信息和税费将被采集，收据会和商品一起打包。最后，在邮寄时，会生成一个巴西邮政的追踪号码，由Mash的承运人进行运输。追踪号码会被登记在系统中，并寄给消费者以便实时追踪订单状态。

- **案例2：Luiza Barcelos公司利用电子商务拓展海外市场**

Luiza Barcelos是一家巴西鞋类品牌，成立于2013年，坐落在巴西米纳斯吉拉斯州的贝洛哈里桑塔。2016年伊始，公司通过电子商务开始展开全球化进程，瞄准美国市场上的电商平台，包括亚马逊和eBay。

商业的第一阶段是要找到技术支持，包括平台、ERP、风险分析和支付方式。尽管Luiza Barcelos使用Rakuten作为其在巴西的电商平台，公司还是转而投向Shopify开拓其美国市场。首先，巴西的技术还无法处理国际运输费率的计算，无法用多种语言对商品信息进行说明，并且其支付方式和反欺诈系统也使其无法接受国际订单。相反，Shopify能够提供解决方法，使用户体验更具灵活性，推动销量的增长，同时也能很好地与美国当地市场相融合。

持续了一段时间的经营后，公司的结构模式进一步简化，不再使用ERP系统，而是进行更多的融合，包括使用PayPal进行支付等。PayPal完全解决了支付过程中的货币兑换问题，不再需要运用第三方风险分析软件。但是这种结构转变也给一些品牌带来了弊端。这些品牌由于使用了PayPal作为唯一的支付途径，其货币兑换率变低了；还有的由于商品信息需要手动更新，新增了库存问题。

另一个挑战是商品的物流配送以及之后的退换货政策。在美国，很多商品的检索和购买都是通过类似亚马逊、eBay这样的平台。由于缺少退换货政策，使得Luiza Barceos无法使用这些渠道，因为平台要求卖家提供退换货政策。如此一来，Luiza Barcelos便无法通过美国这些主要电商平台获取客源，也就失去了这一重要的目标市场，损失了发展的机会。虽然也可以选择放弃使用巴西邮政(Correios)的邮政服务出口系统，转而采用传统的配送方式例如临时出口(时间和成本的花费将会更高)，但考虑到这种操作方式的复杂性，包括可能会花更多精力处理后续的不可退换商品的情况，Luiza Barcelos放弃了该方式。

Luiza Barcelos成功利用电子商务手段打入了美国市场。但是相比美国市场上便捷的退换货政策，退换货政策的缺失很大程度上影响了销量。未来能否在这方面取得突破，对于Luiza Barcelos在美国市场获取更多的竞争优势至关重要。

(二) 俄 罗 斯

1. 中小企业总体状况

2008年以来,世界政治与经济形势严峻,石油价格下跌,严重影响了俄罗斯经济的发展,俄罗斯经济衰退明显。俄罗斯的中型企业受到危机的影响较大,但小微企业则逆势增长。《统一联邦公报》的数据显示,2010—2014年,俄罗斯小型企业数量上涨了27%,微型企业数量上涨了32%,中型企业数量则下降了45%。

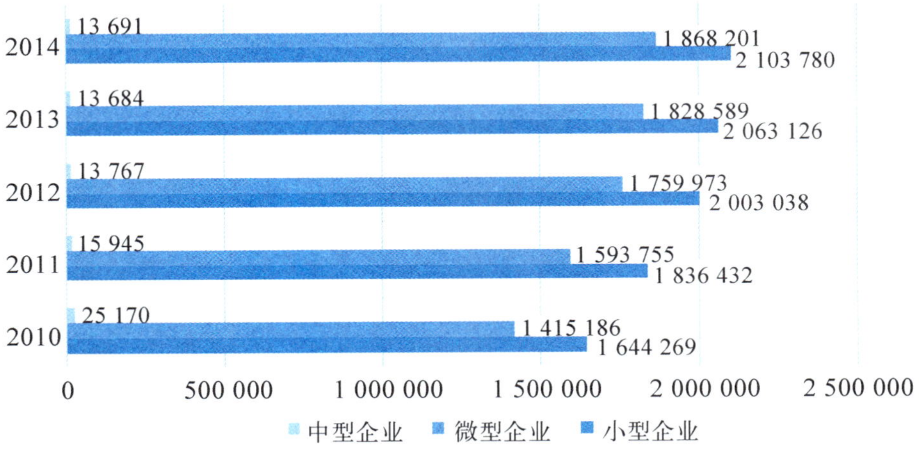

数据来源:http://www.gks.ru/free_doc/doc_2015/mal-pred15.pdf。

图11 2010—2014年俄罗斯中小企业数量变动情况

2. 俄罗斯电子商务发展总体状况

(1) 电子商务增长迅速,但增速放缓

中国商务部欧亚司的报告《2015年俄罗斯电子商务发展情况》显示,2015年,俄罗斯电子商务贸易(仅包括实物类B2C贸易)总额达8 060亿卢布(按全年平均汇率折算约合132亿美元),同比增长25%,较2014年35%的增速有所放缓。据中国商务部驻俄罗斯联邦经商参赞处提供的信息,俄罗斯电子商务企业协会主席2017年3月表示,2016年,俄电子商务市场规模达到9 200亿卢布(约合156亿美元),同比增长21%。这些数据表明,俄罗斯电子商务近年来高速增长,但增速缓慢下降。尽管如此,俄Yandex公司与GfK公司的调查结果显示,电商贸易仍是2015年俄罗斯零售贸易市场增速最快的领域。

总体而言,电子商务市场受宏观经济的影响较小,越来越多的实体零售企业正在转向发展网络商店(如H&M、Vans、巴黎欧莱雅、芙拉等品牌)。Data Insight的数据显示,俄罗斯国内2011—2016年的电子商务市场呈现持续增长态势,如图12所示。

尽管增长速度较快,但是总体上看,电子商务仍然仅占俄罗斯零售市场总额的3%—4%(包括跨境网络交易才可达到4%)。相较于国外的大型电子商务市场,俄罗斯的电商零售商贸易额明显较低,无法形成竞争。由于缺乏投资资金,俄罗斯部分领域的电商企业发展甚至依然一片空白。同时,一些当地电商提供的服务质量也较差。

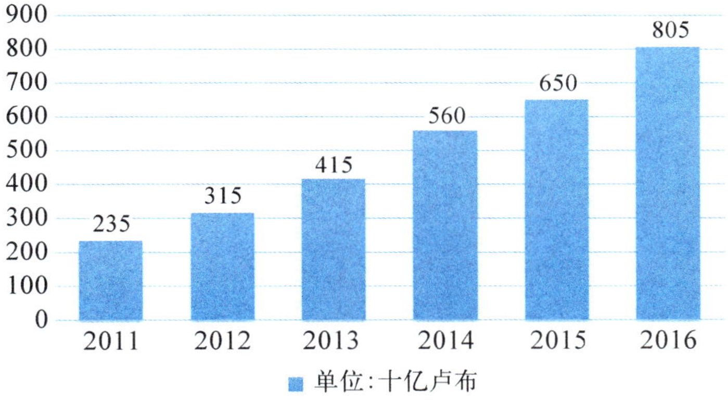

数据来源：Data Insight，http://www.datainsight.ru/en/main/。

图 12　2011—2016 年俄罗斯国内市场电子商务增长情况

(2) 跨境电子商务促销渠道主要集中于社交网络

一份针对 270 家俄罗斯出口公司的网上问卷(其中大部分为个体企业及中小型企业)、专家访谈以及 Paypal 提供的数据显示，俄罗斯海外市场主要促销渠道集中于社交网络，并且以 Facebook 和 Instagram 为主导。Facebook 和 Instagram 吸引了绝大多数的消费者，成为俄罗斯商品销往海外的最主要渠道。

排名第二位的销售渠道是人际推荐，商家表示极少使用传统的促销方式以吸引顾客。由于成本昂贵，商家几乎从不在网页信息内植入广告或是在搜索引擎内投放广告。

(3) 电子商务出口地主要集中于北美、西欧和亚太

根据上述调查数据，俄罗斯跨境网络销售额(包括电子产品、内容类商品、游戏及社交网络服务)2016 年超过了 20 亿美元，较 2015 年增长了 32%。海外买家遍布全球各地，其中北美买家占据主导地位(2016 年北美买家占总数的 42.1%)。排名第二的是西

欧买家(30.8%),第三位是亚太地区(12.2%),但中国仍未成为主要市场。

(4) 电子商务出口类别主要是电子产品和旅游业

上述问卷调查还显示,从2014年开始,俄罗斯网络出口市场发生了显著变化,初创公司层出不穷,大型或小型公司在海外市场的成功率十分接近。最热门的海外销售商品类别主要包括游戏在内的电子产品(35%)、旅游业门票和酒店(26%),以及时尚类商品、手工制品、俄罗斯特产及自动零部件和电子部件(23%)。

表3 270家俄罗斯网络出口企业状况

商品目录	市场份额	2016年预计销量(百万,美元)
游戏及电子产品(音乐、电影、图书等)	35%	750
旅游业(票务、酒店、导游等)	26%	550
实体商品(需要运输)	23%	500
软件(包括游戏软件)	9%	200
社交网络(Vkontakte, Odnoklassniki)及在线数据服务(Mamba, LovePlanet, Teamo等)	7%	150

数据来源:俄罗斯相关问卷调查。

3. 中小企业电子商务发展状况

(1) 总体发展状况

根据俄罗斯官方数据,2015年,俄罗斯网络商品与服务项目总销量达到 2 406 亿卢布，占全国交易总额的 0.9%，中小企业电子商务交易量占全体电商总量的 28%。电子商务市场呈显著的碎片化，整个市场分布了超过 200 个电商网站，但市场份额都低于 5%。

俄罗斯政府 2015 年针对中小型企业的一项大数据调查显示，仅有 10 800 家中小型企业参与了电子商务，占中小型企业总数的 1%，其年收入总额为 660 亿美元，占中小型企业年收入总额的 1.1%。根据 DataInsight 的调查，2016 年，俄罗斯的国内市场共计 1.9 亿张电子商务订单，总销售额达到 8 000 亿卢布，相比 2015 年，订单数量涨幅为 20%—25%，利润同期相比增长了 24%—30%。

(2) 中小企业开展电子商务的主要平台

2016 年 3 月，《福布斯》杂志俄文版公布了最新俄罗斯互联网公司价值排名，Ulmart 位列俄罗斯电商之首，其他前十大俄罗斯电商企业分别为：Exist、Ozon、Wildberries、Citilink、Emex、Lamoda、220 - volt、KupiVip、Utkonos。这些企业涵盖家电、汽配、食品等多个类别，详细情况见表 4 所示。

表 4　俄罗斯中小企业开展电子商务的主要平台

排名	名称	主营业务	估值(亿美元)
1	Ulmart	俄罗斯最大电商平台。成立于 2008 年，销售 12 万种商品，囊括家电、手机、电脑、汽配、服装、母婴、家装、图书等品类。目前，Ulmart 年收入达到 11 亿美元，经营范围已扩展至全俄 240 个城市，并开放了 443 个商业网点	11

续 表

排名	名称	主营业务	估值(亿美元)
2	Exist	汽配电商。成立于1999年,主要提供多个热门汽车型号的原装和非原装零配件。目前,每日处理超过5万张汽车零配件订单,2015年上半年,营业额高达5.5亿美元。除了全国发货配售网络,Exist还设有专门的网上支付系统,提供24小时支援服务	7
3	Ozon	俄罗斯老牌电商平台。自1998年上线以来,一直占据俄罗斯B2C领域首位。其主营业务为在线销售图书、电子产品、音乐和电影等,提供产品高达350万,常被称为"俄罗斯亚马逊"。目前Ozon还包括在线旅行社Ozon.travel、送货服务等项目,其服务范围已扩至350万个网点	6.8
4	Wildberries	全俄首个免运费的时尚鞋服电商平台。Wildberries成立于2004年,是俄罗斯本土的鞋服及饰品在线销售平台,销售有约10万款鞋类、服装以及品牌配件等,还提供全国免运费快递服务,也是俄罗斯第一家提供无条件免费送货的电商。网站支持多种支付方式,包括现金支付、银行卡支付、电子支付等	6.3
5	Citilink	3C家电电商平台。成立于2008年,为客户提供数码下载、电脑、3C家电等,目前,有27家店300多个网点分布在俄罗斯各个城市中,每日访问量达到30万次。	5.3
6	Emex	汽车零部件电商平台。成立于1999年。目前,该公司提供有73万件的汽车零配件,平均日访问量达到4万次	3.6

续 表

排名	名称	主营业务	估值(亿美元)
7	Lamoda	时尚服装电商平台。成立于2010年,目前拥有超过200多万种商品,1 000多种品牌男装、女装、童装、鞋和配件。据了解,Lamoda建立了自己的物流体系,在俄罗斯66个城市可实现1—2天到货,并提供免运费服务。此外,Lamoda还开创了免费送货上门试穿的服务	3
8	220 - volt	家装电商平台。成立于2002年,现在约有18万种产品,主要集中在电动工具和配件,平均日访问量达1万次。据悉,220 - volt自建物流体系,其订单遍及俄罗斯、白俄罗斯和哈萨克斯坦等国	2.45
9	KupiVip	潮品折扣电商平台。成立于2008年。网站内出售2 000多个时尚品牌的产品,包括服装、鞋子和配饰。来自全世界的供应商提供最高90%的折扣。旗下品牌包括销售高端奢侈品的KupiLuxe,时尚购物网站ShopTime。据了解,KupiVip在2011年年底和2012年年初推出了跨境电商网站。跨境电商业务目前占公司总业务的25%以上。涉及的国家主要包括德国、意大利、法国、英国、土耳其等	2.4
10	Utkonos	食品电商平台。成立于2000年,现有3.5万多种产品种类,包括食品、婴儿用品、日用品、饲料等。送货区域覆盖全莫斯科及其周边地区	1.5

(3) 发展极不平衡,物流基础设施及支付手段落后

首先,网络订单绝大部分来自俄罗斯的大型城市,比例严重失调;大俄罗斯地区的网络订单约占全部订单的一半。

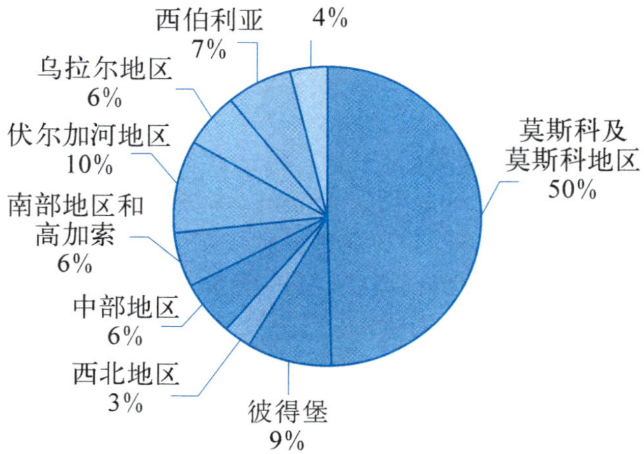

数据来源：Data Insight，《Russian E-Commerce Market 2011》，http://www.datainsight.ru/en/main/。

图 13　俄罗斯网络订单主要地区来源

其次，俄罗斯的物流设施较为欠发达。俄罗斯幅员辽阔，地区之间运距较长，中小城市和偏远地区的交通基础设施普遍落后，在配送时长、货运保障等方面与现代物流标准相去甚远。

再者，货到支付仍然是网络交易的主要支付方式，占交易总数的 80%，使用在线支付的顾客数量上升缓慢。银行卡的使用也并不普遍，货到刷卡仅占总交易总数的 4%。在线支付系统中，Yandex 支付、Webmoney 以及 QIWI 钱包为三大主要渠道，占总数的 5%。

俄罗斯不够发达的电子商务市场也意味着有巨大的开发潜能。据预计，俄罗斯 2017 年电子商务市场年度交易量将上升 35%，达到全国零售总量的 10%—15%。其中的关键因素在于，电子商务不断渗透除莫斯科外的各个城区，电子签名及在线支付方式逐渐普及以及各类基础设施发展将日趋成熟。

4. 跨境电子商务发展状况

(1) 跨境电子商务规模稳步增长

俄罗斯“数据透视”公司(Data Insight)研究报告《Russian E-Commerce Market 2014》显示,2014 年,俄罗斯跨境电子商务规模为 850 亿卢布,占全部电子商务交易额的 13%。这一数据不包括消费者从网上购买旅游服务、门票、电子书及音像制品的交易额,也不包括从网上购买移动设备的交易额。

2016 年,俄罗斯用户在跨境平台的订单量提高了 80%。与 2015 年同期相比,俄罗斯用户在跨境网店的购买额提高了 45%。

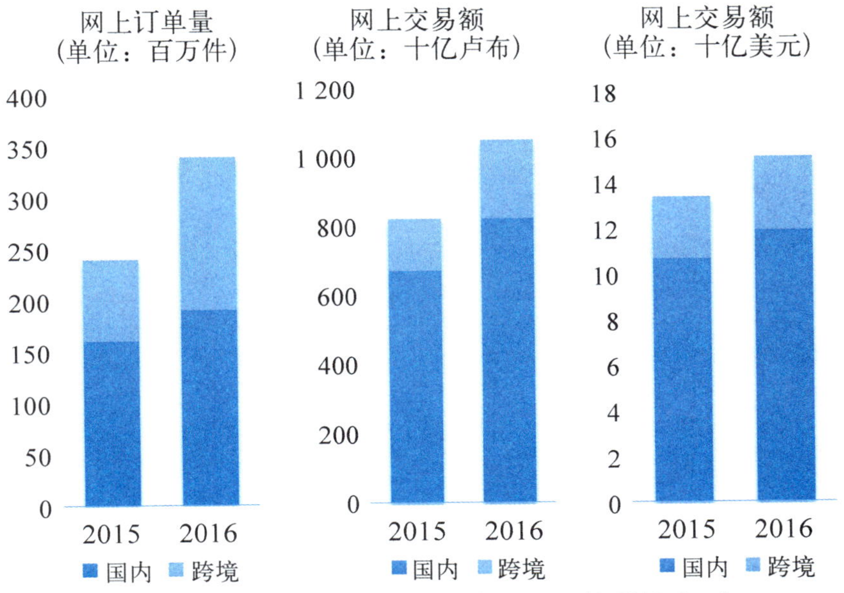

数据来源:http://www.ebrun.com/20161220/207225.shtml。

图 14　2015—2016 年俄罗斯用户的网上订单量及网上交易额

(2) 近半消费者会跨境消费

近年来,俄罗斯跨境消费人口数量持续上升。Data Insight 研究报告 *Russian E-Commerce Market 2014* 显示,36%的俄罗斯用户既在境内又在境外消费,10%的用户仅在境外消费,总共 46%的用户会涉足跨境消费,接近总用户的一半。

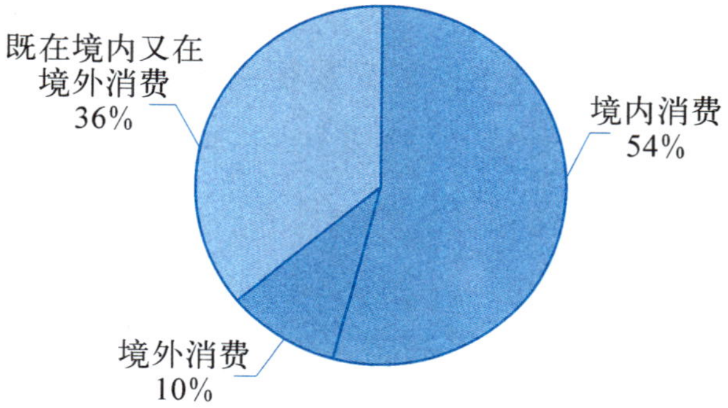

	网上购物者占比(%)	网上购物者数量(百万)
境内消费	54	13.6
境外消费	10	2.5
既在境内又在境外消费	36	9.3
总量	100	25.4

数据来源:Data Insight,《Russian E-Commerce Market 2014》,http://www.datainsight.ru/en/main/。

图 15 2014 年俄罗斯境内境外用户分布情况

(3) 阿里速卖通是跨境电商的最主要平台

跨境电商的主要平台方面,阿里速卖通占据超过一半的份额,接近 55%,远超第二位的 Ebay(占 14%)。其他平台的市场份额如

表 5 所示。

表 5 俄罗斯跨境电子商务主要平台

最终购买地(仅在境外网上商店)	受访者百分比(%)
AliExpress.com	54.5
Ebay.com	14.0
Taobao.com	2.4
Asos.com	1.4
Alibaba.com	1.2
LightInTheBox.com	0.8
Tinydeal.com	0.8
Iherb.com	0.7
others	6.9
do not remember where they shopped	17.3

数据来源:《Russian E-Commerce Market 2014》, http://www.datainsight.ru/en/main/。

5. 管理机构与政策

俄罗斯联邦中,由于不同电子商务之间存在差异,不同类型的电子商务贸易分别由对应的政府部门及私营机构参与管理,主要包括以下部门:

俄罗斯联邦工业贸易部是监管电子商务的核心部门,负责制定和实施与国内外贸易、公共餐饮和顾客服务,以及民间手工艺的相关政策与法案的联邦执政部门。[①]

① http://government.ru/en/ministries/.

俄罗斯联邦经济发展部为执政部门，负责制定和实施以下相关领域政策法规：社会经济分析与预测、商业（包括中小型企业）发展、企业法人权益保护、国家级或省市级监控管理下的个体企业，颁发营业执照，颁发认证机构及实验中心执照。

俄罗斯联邦通信与大众传播部是俄罗斯另一大执政部门，主要负责制定和实施以下相关领域的政策法规：信息技术（包括信息技术在国家信息资源的应用）、通信及邮政部门（包括无线电频谱的使用对话）、大众传播和大众传媒[包括电子媒介，诸如互联网、（网络）电视、广播及此领域的任何新兴科技]。该部门同时还负责俄罗斯联邦的邮政行政管理以及与国际关系行政管理。

俄罗斯出口中心（REC）是由俄罗斯政府设立的负责为出口商提供金融或非金融资助的“单一窗口”特设机构，和联邦政府及组织机构联系紧密。

俄罗斯联邦税务局为联邦行政机构，负责监管企业税务是否符合俄罗斯联邦税务法规，监管各部门不偷税漏税，依法、按时、全额上缴税款。

俄罗斯联邦海关局为联邦行政机构，负责监管海关清算是否符合俄罗斯法律法规。目前，联邦海关局作为货币监管部门，在打击非法运输交易及其他相关行政犯罪中起着重要作用。

在政策举措方面，俄罗斯当局正计划降低收税门槛，并于 2017 年内对跨境消费征收增值税。根据现有政策，重量未超过 31 公斤或金额未超过 1 000 欧元的商品购买时无需缴税。若重量或金额超过规定数额，顾客需缴纳超过部分的 30%作为关税，最低税收为每公斤 4 欧元。

6. 实践案例：电子商务助力 Afour 公司海外扩张

Afour 公司是俄罗斯的一家定制鞋铺，专注于为顾客私人手工定制鞋履。公司同时拥有实体陈列店铺及网络商铺，俄罗斯本国或境外顾客都可通过 Paypal 支付订单。

公司创始人 Vladimir Grigoryev 是滑板狂热爱好者，他非常喜欢从海外购买定制鞋履，因此也希望自己成为这样的商家。公司刚起步时，定制的鞋履主要在工厂中由熟人缝制。而经由社交网络传播，新顾客源源不断地开始增加。

2008 年金融危机期间，虽然营业额不再增长，Vladimir 仍然决定继续营业，并且利用销售放缓的时机，全面掌握了整个生产流程，包括鞋履的剪裁和缝制。两年后，Vladimir 从朋友手中租借了一处车间，个人独资完成了鞋履的生产与销售。如今，他的公司已经雇用了 11 人，年销售额开始持续增加。Vladimir 继续体现着生活的理念，称自己为“steamer-man”，处理所有的管理、设计、财务和招聘流程。Afour 现有两大交易平台，一是网络店铺，集中展示了所有鞋款；二是实体店铺，顾客可以试穿不同款式的鞋。

Afour 的主要顾客群集中在 25—35 岁。而据 Vladimir 称，年轻顾客成为回头客之后就会带着父母一道前来，使得客户群体不断扩大。

同时，通过电子商务平台，Afour 海外买家的数量也在不断上升。值得一提的是，曾经的海外买家大部分也都是海外俄罗斯人，如今外国人却逐渐成为主要购买者。美国、加拿大和澳大利亚等英语语言国家是 Afour 最大的客户来源。

Afour 的订单中有 65%销往海外,而其中 50%则全部销往美国。持续的海外市场扩张显示出 Afour 的野心。

(三) 印　　度

1. 中小企业总体状况

根据印度中小微企业部对中小微企业的分类标准,制造业企业投资额在 1 亿卢比以下,服务业企业投资额在 5 000 万卢比以下的称为中小微企业,具体划分见表 6 所示。

表 6　中小微企业的规模分类

参照工厂和机械/设备的投资额对中小微企业的规模分类	
制造业公司*	
微型 250 万卢比	(37 000 美元)
小型 5 000 万卢比	(750 000 美元)
中型　1 亿卢比	(1 500 000 美元)
服务业公司**	
微型 100 万卢比	(15 000 美元)
小型　2 000 万卢比	(300 000 美元)
中型　5 000 万卢比	(750 000 美元)
* 对工厂和设备的投资额限制	
** 对设备的投资额限制	

根据印度中小微企业部发布的最新数据，印度的中小微企业数量达到了 5 100 万家，创造了 1.17 亿个就业机会，生产出超过 6 000 种商品，占印度工业生产总值的 45%，占印度出口量的 40%。

经济普惠和促进就业是国家的当务之急，中小微企业的发展在其中起到了重要作用，与此同时，在实施“印度制造”举措以刺激国内外企业投资印度本土产品的过程中，中小微企业也起到了推动作用。中小微企业已经成为商业生态系统中的一部分，持续助推企业为国内外市场提供高质量、高性能、服务优且具有价格竞争优势的产品。

2. 印度电子商务发展状况

(1) 印度电子商务规模不断扩大

2014 年，印度的互联网用户数维持在 2.8 亿左右，据估计，这一数字将在 2019 年增长至 6.4 亿，年均增加近 7 000 万互联网用户。移动互联网的用户数也将在 2019 年预计达到峰值，约 4.57 亿。电子商务将成为印度经济最重要的组成部分，预计到 2020 年电子商务产值约为 1 000 亿美元。

电子商务为中小微企业提供融资、技术和培训，帮助其扩大经营规模。科技的变革推动了创新，诞生了新的科技产物，例如电子支付、超本土物流、大规模消费者参与、数字广告等，促进了电子商务的高速发展。

在电子商务领域，成交总额是重要的衡量指标。在企业发展的初级阶段，大多数的B2C电子商务企业都出现了低利润的情况，成交总额增长了，但企业却遭遇总体上的亏损。印度B2C领域成交总额估计在2015年达到了160亿美元。

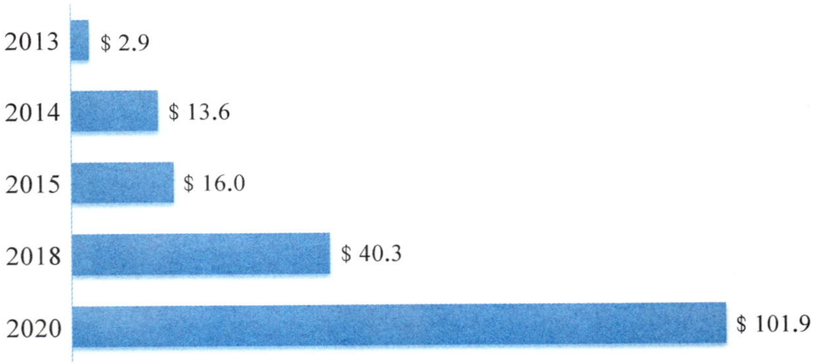

数据来源：http://www.mofcom.gov.cn/article/i/jyjl/j/201604/20160401307000.shtml。

图16 印度电子商务规模(单位：十亿美元)

印度电子商务在过去10年内呈现指数级增长，主要原因包括：越来越多的消费者使用科技产品、互联网用户数大幅上升、新科技的诞生及应用、商业模式的创新、新支付方式的出现等。此外，有望在未来几年呈现迅猛增长，由于营销和流通成本不断降低、产品从通路到消费者手上的时效性提高、仓储成本降低等，未来几年印度电子商务仍将持续发展。

(2) 主要电子商务平台

印度涉及电子商务领域的行业包括电子、信息科技、移动技术、家居、建筑、零售、药妆、纺织品、食品、工程等。电子商务B2B与B2C相比发展较慢，因为针对B2B的市场准入门槛比B2C要更高。B2B

电商企业必须要有强大的商业模式，要安排长距离、长时间的铁路、道路和港口物流，还需要严格遵守各项法规和税收制度。

为了发掘印度 B2B 电子商务市场蕴藏的巨大潜力，除了现存的 B2B 企业，许多 B2C 行业领先的企业也纷纷开始筹措建立自己的平台。政府则出台政策允许在 B2B 电子商务领域引入 100%外国直接投资，由此吸引了一些全球 B2B 电子商务巨头的投资，例如阿里巴巴等。

表 7　印度主要电商平台

名　　称	主　要　业　务
亚马逊(印度)	集中服务于小规模企业包括小店、药妆、移动零售商、小型办公室、疗养院、餐厅，提供便捷的在线购物体验，节省时间和成本
Shopmatic(印度)	总部位于新加坡，致力于消除开展电商业务的复杂性
KartRocket	电子商务软件平台，使中小企业、小型零售商和创业者变得更强大并建立起自己的电商业务
Bizongo	帮助简化搜索环节，让用户更方便地找到对的产品
Industrybuying	提供工业商品的平台，始终完整配备全系列商品，包括全球各地的各种品牌，采购过程非常便捷
Tolexo	中小企业的平台，为企业、工厂、办公室、实验室提供最全的商品类目
Snapdeal	在线电商平台，拥有来自本区域、本国和全球品牌及零售商的超过 1 500 万个品种的商品，覆盖 500 多种类目。与多家投资公司和私人企业建立了伙伴合作关系，包括软银、贝莱德、淡马锡、eBay、Premji 投资、英特尔投资、贝西默风险投资和拉丹·塔塔等

(3) 电子商务领域的投资与并购活跃

印度的私募基金与风险投资在 2015 年触及历史高位,达到 200 亿美元,其中最受投资者青睐的行业是信息科技,共 666 项投资,总价值达到 44.9 亿美元,居第二位的行业是消费品,共 280 项投资,总价值达到 46.9 亿美元。这些投资中的大部分(70%)集中在电子零售,排在其后的是在线分类信息(17%)和在线出行和打车(9%)。

印度的电子商务企业也在过去两三年里经历了整合。大型电子商务企业通过收购小型电子商务企业,使自己的业务范围更加多样。这样的兼并与收购主要集中在物流、支付方式、数字广告等领域。

3. 跨境电子商务发展状况

过去 10 年,电子商务领域取得了显著的发展,为跨境贸易创造了前所未有的机会。

过去 10 年,互联网使中小微企业以一种前所未有的姿态进入全球市场当中。Acapture(2014)的研究显示,使用电子商务平台的中小微企业出口机会比传统企业高出 5 倍,而前五大跨境电子商务企业的市场份额占据了 90%以上。

印度电子商务领域一直以来都面临着包括税收、欺诈事件、网络安全、支付方式限制等方面的制约。全国各州之间没有统一的税制结构,商品和服务之间没有清晰的界限,对于特定支付方式,例如电子钱包、现金到付、礼品券等都没有明确的税收制度。相关

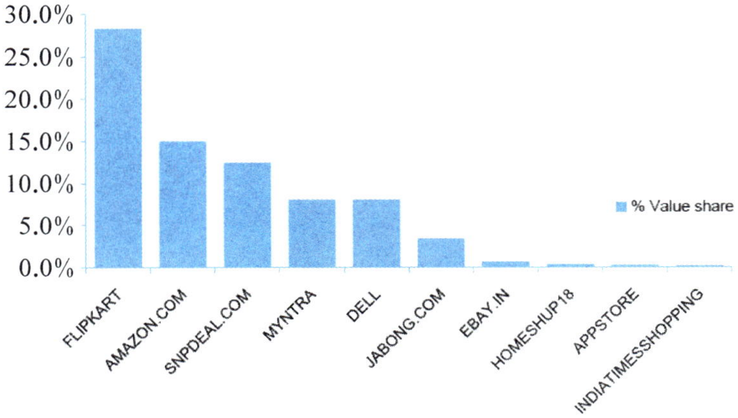

数据来源：http://www.acapture.com/，Acapture(2014)。

图 17　印度主要的电子商务巨头及其市场份额

问题在跨境电子商务领域同样存在，并且更加复杂。

4. 管理机构与政策

(1) 管理机构

由印度政府推动的涉及在线预约、申请、支付、招标、政府采购等业务电子商务门户网站主要有：

- http://www.ebiz.gov.in 是印度政府与企业间的电子商务门户，服务内容包括行业执照、企业事务、永久账号和其他税务局相关事务、进口/出口编号，以及州政府服务包括申请成立公司的无异议证明、中小微型企业登记注册、配置稀缺原材料如煤矿等。
- www.gem.gov.in 是政府的电子市场，用于为政府采购商品和服务，包括印度中央政府和州政府、印度中央和州政府企事业单位、中央采购机关(DGS&D)、电子与信息技术部、"数字印度"。

• http://www.mca.gov.in 是印度企业事务部在线平台，为企业提供在线服务，包括在印度公司注册处(ROC)登记注册企业和事务所。

• https://eauction.gov.in 为印度州政府、中央政府、企事业单位使用的电子竞标平台。

• http://onlineservices.tin.egov-nsdl.com/etaxnew/tdsnontds.jsp 用于在线支付源头扣税等活动。

(2) 相关政策

印度政府已经采取了多种措施推动印度的电商行业发展。一直以来，政府借助电子商务数字平台，将传统的线下市场甚至是农产品市场组织起来。例如，政府启动了电子市场平台，为农民们与各州、各地区牵线搭桥，将农副产品放到网上售卖。

政府的主要举措包括数字印度、创业印度、创新印度，以及技术印度等。

• **数字印度:** 数字印度是目前最宏伟、最大型的项目之一，重点是要让印度走上以数字化驱动的知识型经济发展之路，发展重点包括: (1) 以数字基础建设为核心;(2) 服务于政府与人民群众;(3) 让人民群众具备使用数字化技术的能力。

• **创业印度:** 该项目旨在为孕育“创新”和“初创公司”建立一个强大的生态系统。印度政府已经采取各项措施，例如通过“资基金会”(Fund of Funds)提供资金支持(总额 1 000 亿卢比，相当于 15 亿美元)、建立“创业印度中心”(创业生态系统交流的中心)、实施创业的前 3 年税收减免政策等。

• **印度制造：** 为了发展印度工业，印度政府不断完善国内的经商环境、扶持制造业、允许外商直接投资进入主要行业领域。值得注意的是，该项目的核心为探索创新和创造一个有利于开展商务活动的环境。

• **技术印度：** 为了弥补技术人才的短缺，印度政府已经制定相关国家技术人才发展政策，计划到 2022 年培养出 4 亿技术人才。

5. 实践案例：Makemytrip 利用电子商务拓展全球市场

• **基本情况**

Makemytrip 是一家总部位于印度哈里亚拉邦古尔冈的在线旅游公司，是利用电子商务开拓旅游市场的成功典范。公司旨在提供在线旅游服务，包括机票、国内和国际假期套餐、酒店预订、铁路和巴士车票。Makemytrip 于 2000 年在美国市场推出，Makemytrip 于 2005 年 9 月开始印度业务，公司同时提供假日套餐、酒店预订巴士和铁路预订等非航空业务。2010 年 8 月 13 日，Makemytrip 在纳斯达克上市。在 Makemytrip 网站上，消费者可以对超过 1.3 万家酒店和宾馆进行搜索和比较。

• **占领在线旅游市场：先做大再做强**

2011 年，公司一上市就开始在移动互联网上发力，开发适应各种类型的移动设备 APP。2012 年，Makemytrip 成功推出 iPhone、Android 和 Blackberry 设备的 APP，提供飞行和巴士预订、酒店预订和度假套餐等服务。它还符合其他购买后的要求，例如生成电子机票、取消订单、跟踪退款状态以及其他旅行提醒。Apps 上提供的旅游行程可以在 Facebook 和 Twitter 上共享。公司认为,要赢得市场首先得占领市场,公司制定了先做大再做强的发展战略。2011 年,Makemytrip 利用上市筹集到的资金进行了三次收购,将豪华旅游和旅游私人有限公司(新加坡),Le Traveneus 技术私人有限公司(印度古尔冈)和 My Guest House 酒店(印度新德里)收入囊中,增加廉价客房和中低级市场。2012 年,又收购包括 ITC 集团(ITC Group)和酒店旅游集团(Hotel travel Group),从而成功打入东南亚地区市场。通过收购 easytobook. com, Makemytrip 现在可以访问印度以外的 18.4 万多家酒店。

- **多渠道重建客户忠诚度**

2011 年 9 月 19 日,Makemytrip 宣布与印度最大的多方合作伙伴忠诚计划 PAYBACK 联合推出"我的旅行奖励"的重复客户的忠诚度计划。该计划旨在鼓励客户参与,并为客户的参与提供奖励,目的是为了发展忠诚度。Makemytrip 忠诚度计划旨在为客户提供更多的好处,并提高他们的体验。我的旅行奖励客户可以利用特别优惠和交易,赚取积分并兑换奖励。通过将联盟平台扩展到线上和线下的各种零售类别,PAYBACK 带来真正丰富的忠诚度体验。卡用户可以在互联网上使用该卡进行日常购物和交易。PAYBACK 积分可以兑换,可以购买 Makemytrip 券,从而用来购买 Makemytrip 产品。

- **社交媒体战略**

Makemytrip 创始人 Deep Kalra 认为,客户信息搜索和购买行为需要强大的社交媒体存在、创造力和创新。社交媒体被广泛用于拓展客户关系计划,通过活动和竞赛传播忠诚度计划。Makemytrip采用综合方法来制定社交媒体策略。公司尝试与Facebook、Twitter、YouTube、Google+和Pinterest的目标受众进行互动,进行了量身定做的活动和比赛。有了这些优惠和机会,这些项目就会被整合到忠诚度奖励中。

Facebook上的MakeMyTrip页面有150万名粉丝。Makemytrip采用多种方式来组织活动和主题。这些活动和比赛突出了特定的优惠或目的地,这样的宣传活动有助于吸引更多的观众,并说服他们消费。Makemytrip在Twitter上也有类似的内容策略。经过修改和调整的内容副本发布在Twitter上。虽然在Twitter上的关注者数量较少,但是Makemytrip在Twitter上的响应率很高。例如,"发现不丹竞赛"在Twitter上获得了压倒性的回应,并且正在印度广泛流行。除了在Makemytrip Facebook页面并行的比赛之外,该品牌还在Twitter上进行比赛。Makemytrip官方频道在YouTube上拥有842位订阅者,其中包括11个视频,并注册了截至该品牌的516个视频。YouTube频道包括了该品牌发布的所有电视广告以及涵盖了旅游目的地、酒店和住宿的视频。Makemytrip在Pinterest上有37个板块,涵盖最佳旅游目的地、食品和饮料、世界各地、海滩、音乐节、独特的地方、博物馆和艺术、特定的目的地,如克什米尔、拉贾斯坦邦、果阿等类别。

- **竞争优势**

Yatra.com是Makemytrip的主要竞争对手之一。Makemytrip通过发布与潜在客户的需求和需求相关的内容,同时适应不同的目标受众。在客户关系管理和响应用户生成的帖子方面，Makemytrip 更具弹性和活跃性。他们几乎回应了客户提出的一半的查询和投诉，而 Yatra 对很多查询和投诉没有回应。

(四) 中　　国

1. 中小企业发展状况

(1) 中小企业数量稳步增长

2011 年 6 月，中国工业和信息化部、中国国家统计局、中国国家发展和改革委员会、中国财政部等四部委联合发布了《中小企业划型标准规定》。根据该规定，中国将企业划分为大型、中型、小型、微型四种类型，具体标准根据企业营业收入、从业人员、资产总额等指标并结合行业特点制定，不同行业具体的划分标准有所不同，具体如表 8 所示。

表 8　统计上大、中、小、微型企业划分标准

行业名称	指标名称	计量单位	大型	中型	小型	微型
农、林、牧、渔业	营业收入(Y)	万元	Y≥20 000	500≤Y<20 000	50≤Y<500	Y<50
工业	从业人员(X)	人	X≥1 000	300≤X<1 000	20≤X<300	X<20
	营业收入(Y)	万元	Y≥40 000	2 000≤Y<40 000	300≤Y<2 000	Y<300

续 表

行业名称	指标名称	计量单位	大型	中型	小型	微型
建筑业	营业收入(Y)	万元	Y≥80 000	6 000≤Y<80 000	300≤Y<6 000	Y<300
	资产总额(Z)	万元	Z≥80 000	5 000≤Z<80 000	300≤Z<5 000	Z<300
批发业	从业人员(X)	人	X≥200	20≤X<200	5≤X<20	X<5
	营业收入(Y)	万元	Y≥40 000	5 000≤Y<40 000	1 000≤Y<5 000	Y<1 000
零售业	从业人员(X)	人	X≥300	50≤X<300	10≤X<50	X<10
	营业收入(Y)	万元	Y≥20 000	500≤Y<20 000	100≤Y<500	Y<100
交通运输业	从业人员(X)	人	X≥1 000	300≤X<1 000	20≤X<300	X<20
	营业收入(Y)	万元	Y≥30 000	3 000≤Y<30 000	200≤Y<3 000	Y<200
仓储业	从业人员(X)	人	X≥200	100≤X<200	20≤X<100	X<20
	营业收入(Y)	万元	Y≥30 000	1 000≤Y<30 000	100≤Y<1 000	Y<100
邮政业	从业人员(X)	人	X≥1 000	300≤X<1 000	20≤X<300	X<20
	营业收入(Y)	万元	Y≥30 000	2 000≤Y<30 000	100≤Y<2 000	Y<100

续 表

行业名称	指标名称	计量单位	大型	中型	小型	微型
住宿业	从业人员(X)	人	X≥300	100≤X<300	10≤X<100	X<10
	营业收入(Y)	万元	Y≥10 000	2 000≤Y<10 000	100≤Y<2 000	Y<100
餐饮业	从业人员(X)	人	X≥300	100≤X<300	10≤X<100	X<10
	营业收入(Y)	万元	Y≥10 000	2 000≤Y<10 000	100≤Y<2 000	Y<100
信息传输业	从业人员(X)	人	X≥2 000	100≤X<2 000	10≤X<100	X<10
	营业收入(Y)	万元	Y≥100 000	1 000≤Y<100 000	100≤Y<1 000	Y<100
软件和信息技术服务业	从业人员(X)	人	X≥300	100≤X<300	10≤X<100	X<10
	营业收入(Y)	万元	Y≥10 000	1 000≤Y<10 000	50≤Y<1 000	Y<50
房地产开发经营	营业收入(Y)	万元	Y≥200 000	1 000≤Y<200 000	100≤Y<1 000	Y<100
	资产总额(Z)	万元	Z≥10 000	5 000≤Z<10 000	2 000≤Z<5 000	Z<2 000
物业管理	从业人员(X)	人	X≥1 000	300≤X<1 000	100≤X<300	X<100
	营业收入(Y)	万元	Y≥5 000	1 000≤Y<5 000	500≤Y<1 000	Y<500

续 表

行业名称	指标名称	计量单位	大型	中型	小型	微型
租赁和商务服务业	从业人员(X)	人	X≥300	100≤X<300	10≤X<100	X<10
	资产总额(Z)	万元	Z≥120 000	8 000≤Z<120 000	100≤Z<8 000	Z<100
其他未列明行业	从业人员(X)	人	X≥300	100≤X<300	10≤X<100	X<10

近年来，中国中小企业快速增长。据 2016 年 6 月中国工业和信息化部发布的《促进中小企业发展规划(2016—2020 年)》显示，截至 2015 年年末，中国工商登记中小企业超过 2 000 万家，个体工商户超过 5 400 万户。

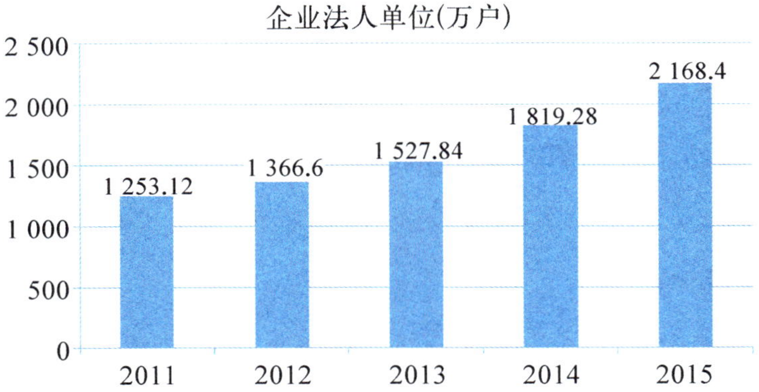

数据来源：根据中国工业和信息化部公布的数据编制。

图 18　2011—2015 年中小企业法人单位数变动情况

(2) 发展实力显著增强，但发展指数低位徘徊

以工业为例，截至 2015 年年末，全国规模以上中小工业企

业36.5万家，占规模以上工业企业[1]数量的97.4%；实现税金2.5万亿元，占规模以上工业企业税金总额的49.2%；完成利润4.1万亿元，占规模以上工业企业利润总额的64.5%。中小企业提供80%以上的城镇就业岗位，成为就业的主渠道。在整个“十二五”期间(2011—2015)，中小企业知识产权战略推进工程试点工作取得成效，全国32个试点城市的中小企业集聚区专利申请量年均增长53%，专利授权增速超过30%，中小企业在产业链和创新链中的作用日益凸显，产业集群取得了快速发展。信息化应用水平进一步提高。中小企业信息化推进工程成效显著，电子商务等信息化应用不断扩展，研发、生产、财务、管理等各类软件及服务应用日益普及，“两化融合”进一步深化。

受宏观经济增速下滑影响，中小企业发展指数处于低位。根据中国中小企业协会的数据，2017年一季度，中国中小企业发展指数(SMEDI)为92.8，比上季度略升0.3点。预计该指数会随着宏观经济明显企稳向好而逐步缓慢回升。中小企业特别是小微企业，整体处于市场竞争的弱势地位，面临的困难更多一些，目前的态势仍将持续。

(3) 中小企业信息化服务体系日益完善

《促进中小企业发展规划(2016—2020年)》显示，截至2015年年末，全国中小企业信息化服务网络基本形成，依托大型信息化服务企业建立6 000多个分支服务机构，配备近10万名专业服务人

① 规模以上工业企业是指年度营业收入超过2 000万元的企业。

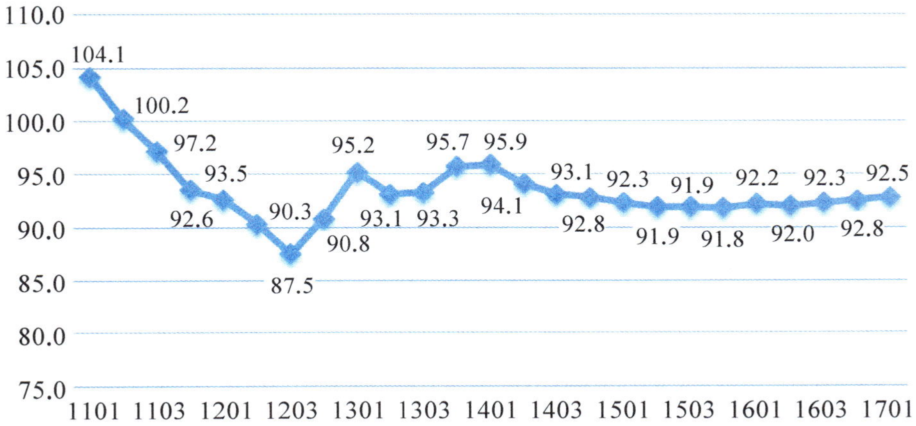

数据来源：http://www.ca-sme.org/content/Content/index/id/13422。

图 19　中国中小企业发展指数

员，汇聚 60 多万家软件开发商和信息化服务商，每年开展数万场宣传培训和应用推广等活动，参加线上线下培训的人数达千万人次。在服务体系方面，构建了涵盖 30 个省市、5 个计划单列市的中小企业公共服务平台网络，认定了 511 家国家中小企业公共服务示范平台。中国国际中小企业博览会和 APEC 中小企业技术交流暨展览会成为重要的对外合作平台。中德（太仓）中小企业合作示范区聚集 230 多家德资企业，中外中小企业合作区建设取得积极成效。围绕“一带一路”建设，中小企业与沿线国家和地区合作交流日益增多。

2. 中国电子商务发展总体状况

“十二五”期间，电子商务对中国经济发展的影响力越来越大，中国电子商务交易总额年均增长超过 35%，对中国 GDP 的贡献超过了65%,实现了电子商务交易总额翻两番的战略目标。2015年,中国电子商务交易总额达到20.8万亿元;超额15.6%完成了《电子商务"十二五"发展规划》提出的发展目标;网络零售总额3.88万亿元,同比增长33.3%,占社会消费品零售总额的10.8%,继续保持世界第一大网络零售市场地位,电子商务促进消费的作用日趋明显。

(1) 电子商务规模继续增长,但增速放缓

尽管中国的电子商务交易价值持续增长,但根据中国2015年电子商务报告,随着时间的推移,中国电子商务交易额的同比增长率从2014年的57.7%下降到2015年的27%。

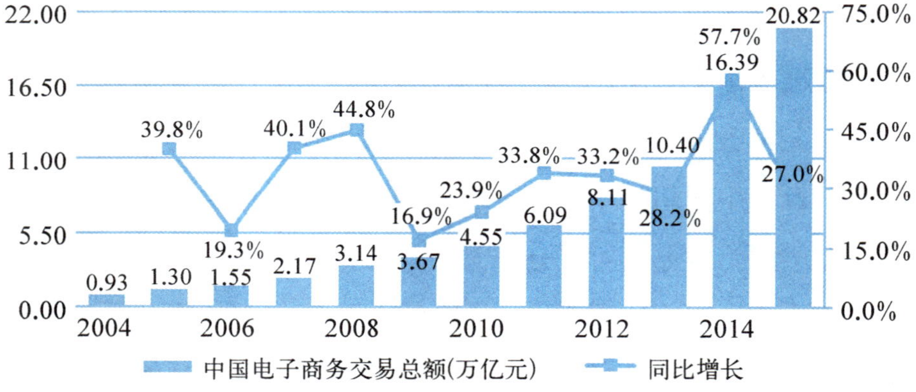

数据来源:《中国电子商务报告(2015)》。

图20 2004年—2014年中国电子商务交易额增长情况

(2) B2B仍然是电子商务主体,但B2B增速放缓

2016年电子商务市场细分行业结构中,B2B电子商务合计占比超过七成,仍然是电子商务的主体;中小企业B2B、网络购

物、在线旅游交易规模的市场占比与 2015 年相比均有小幅提升。

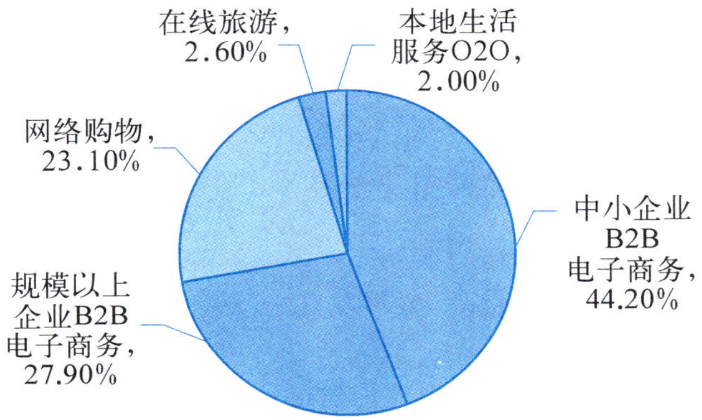

数据来源：根据艾瑞咨询《2016 年中国 B2B 电子商务研究报告》。

图 21　2016 年中国电子商务市场细分行业构成

根据艾瑞咨询 2015 年中国电子商务市场交易数据，2015 年，中国 B2B 电子商务市场交易规模达 11.8 万亿元，较上年增长 18.0%，增速低于 2013 年的 23%和 2014 年的 22%。

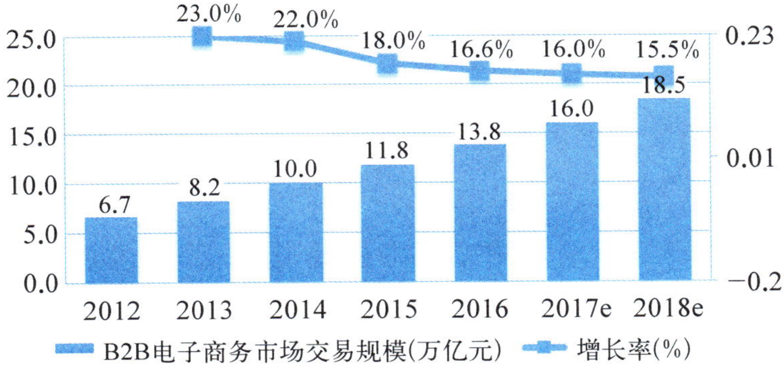

数据来源：根据艾瑞咨询《2016 年中国 B2B 电子商务研究报告》。

图 22　2012—2018 年中国 B2B 电子商务市场交易规模增长情况

(3) 以网络购物为代表的B2C增长迅速

2011年,中国网络零售额为7 826亿元人民币,而到了2015年,这个数据突破了3万亿元,同比增长33.3%。其中,实物商品网上零售额为32 424亿元,同比增长31.6%,高于同期社会消费品零售总额增速20.9个百分点;占社会消费品零售总额300 931亿元的10.8%;非实物商品网上零售额6 349亿元,增长42.4%。

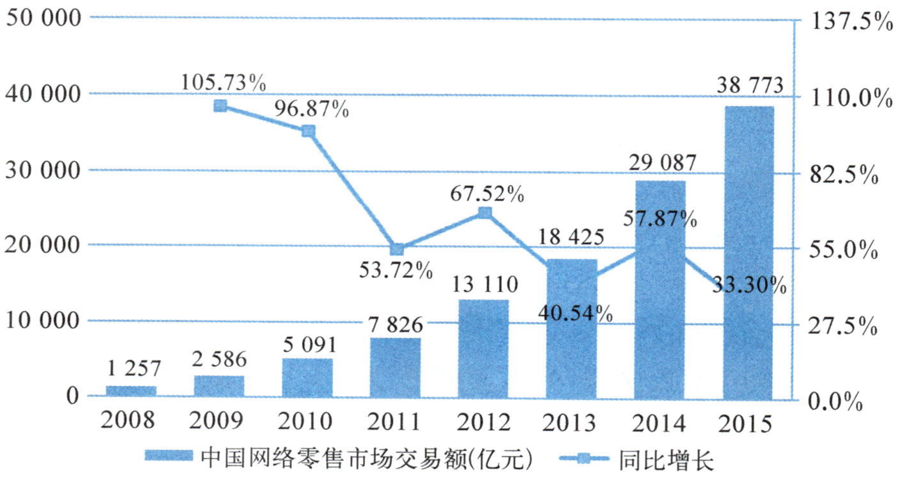

数据来源:中国互联网络信息中心《2015年中国网络购物市场研究报告》。

图23 2008—2015年中国网络零售市场交易额增长情况

网络零售额大幅增加的直接原因是网民及网络购物用户规模的迅速增加。截至2015年12月底,中国网民规模达6.88亿,互联网普及率为50.3%。其中,网络购物用户规模达到4.13亿,较2014年年底增加了5 183万,增长了14.3%。手机网络购物用户规模增长迅速,总使用人数达到3.4亿,增长率为43.9%,手机网络购物的使用比例由42.4%提升至54.8%。

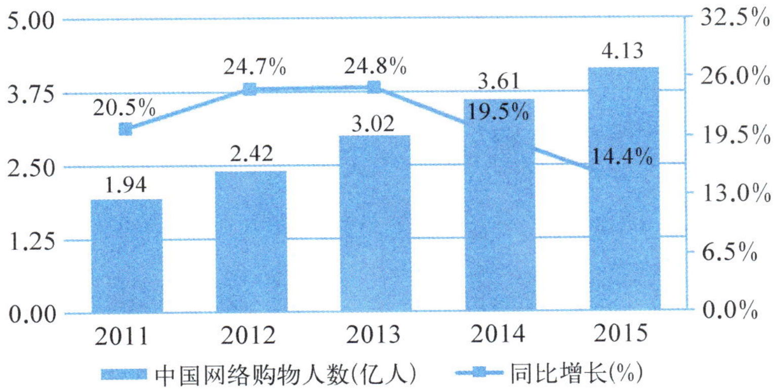

数据来源：中国互联网络信息中心《2015年中国网络购物市场研究报告》。

图 24　2011—2015 年中国网络购物人数增长状况

(4) 电子商务投资大幅增加

根据2016年中国商务部、中央网信办、发展改革委三部门联合发布《电子商务"十三五"发展规划》,"十二五"末,以实物商品、在线服务及数字产品交易为代表的互联网创业年投资额达153.62亿美元,占全国创业投资总额的28.5%。电子商务基础设施投资活跃,电子商务园区数量超过1 000个,全国电子商务仓储超过4 000万平方米。2016年全年共有169家B2B企业获得总额超过150亿元融资,中小企业B2B依然处在资本风口。

3. 中小企业电子商务发展状况

(1) B2B交易规模持续增长

根据艾瑞咨询2015年中国电子商务市场交易数据,2015年,中国中小企业B2B电子商务市场交易规模为7.2万亿元,同比增长17.1%,占电子商务交易总规模的44.2%;规模以上B2B市场交易规模为4.6万亿元,同比增19.5%。

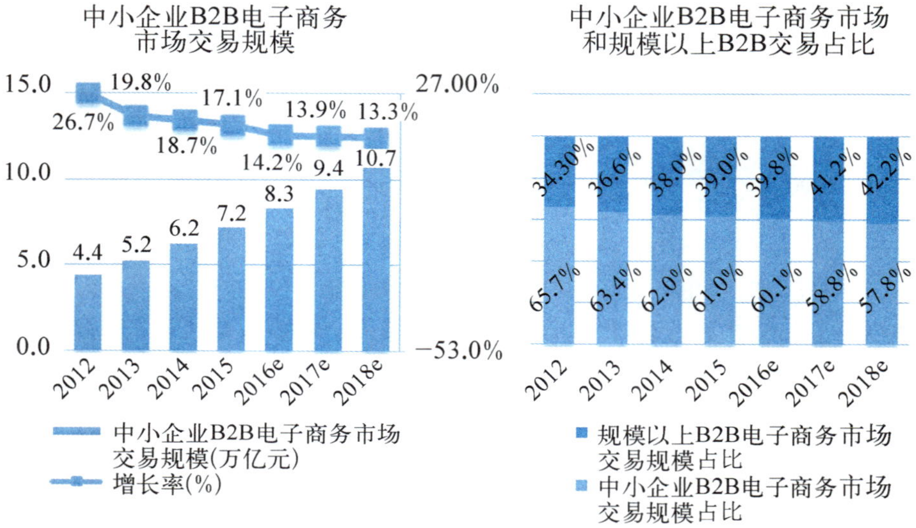

数据来源:根据艾瑞咨询《2016年中国B2B电子商务研究报告》。

图25 2012—2018年中小企业B2B电子商务交易规模增长情况

中国中小企业B2B电子商务主要通过几家运营商平台进行。其中,阿里巴巴仍然一家独大,以50.1%的营收占比占据首位。9家核心企业占比为73.0%。排名前三的分别为阿里巴巴、环球资源和金泉网,份额分别为50.1%、5.1%和4.6%,这三家公司的B2B市场份额超过59%。

(2) 网络购物经历爆发式增长后增速放缓

网络购物市场包括B2C交易和C2C交易,经历了2012—2015年的爆发式增长后,行业发展日益成熟,增速开始放缓。各家电商企业除了继续不断扩充品类、优化物流及售后服务外,也在积极发

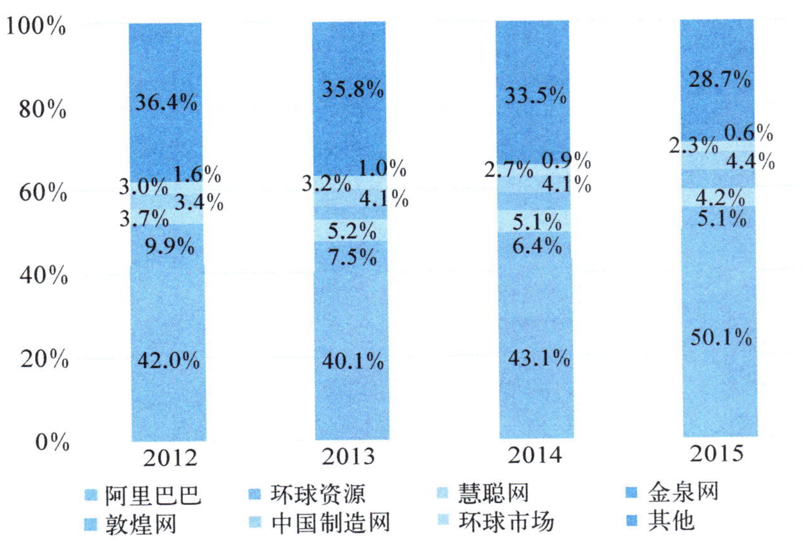

数据来源：http://report.iresearch.cn/content/2016/05/260787.shtml。

图 26　2012—2015 年中国主要 B2B 电子商务平台营收市场份额

展跨境网购、下沉渠道发展农村电商。在综合电商格局已定的情况下，一些企业瞄准母婴、医疗、家装等垂直电商领域深耕，这些将成为网络购物市场发展新的促进点。

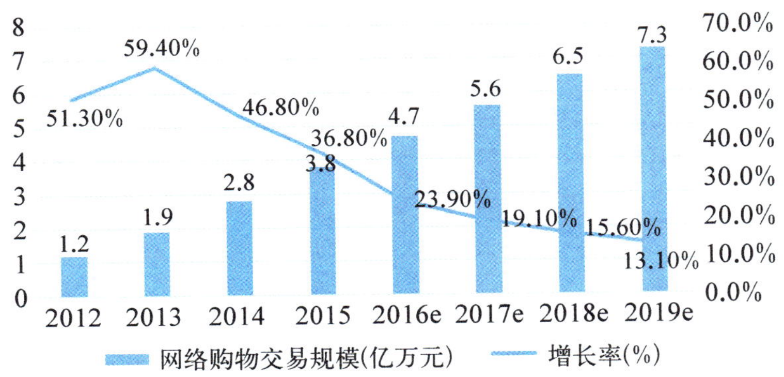

资料来源：http://mt.sohu.com/business/d20170503/138043529_499067.shtml。

图 27　2012—2019 年中国网购市场交易规模

从市场份额来看，B2C 市场中，天猫的市场份额位居第一，京东占比有所增长。与 2015 年相比，京东、苏宁易购、唯品会的份额有所增加。从增速来看，京东、苏宁易购、唯品会的增速高于 B2C 行业 31.6%的整体增速。

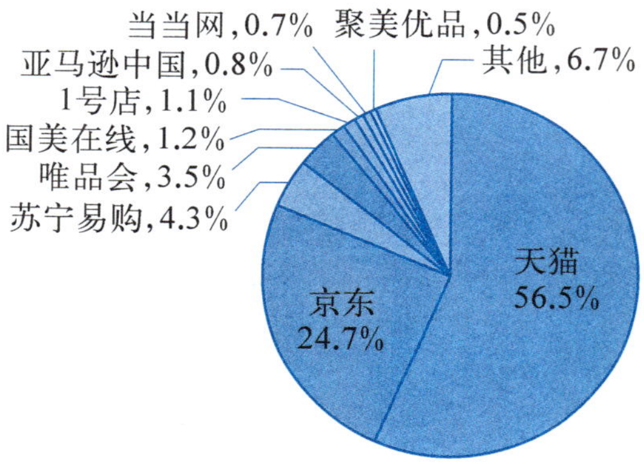

注：
1. B2C 市场拥有复合销售渠道的运营商规模仅统计其与网络相关的销售额
2. 阿里 GMV 只包括在中国零售市场交易的 GMV，排除定价 50 万元以上的汽车和房产交易，定价 10 万元以上的所有产品和服务，以及一天内购买总金额超过 100 万元的用户的所有订单
3. 京东 GMV 排除 B2C 平台上订单金额在 2 000 元以上的没有最终销售和递送的订单
4. 苏宁易购、唯品会、国美在线、当当网、聚美优品综合其财报发布的营收、交易规模等相关数据及专家访谈，根据艾瑞统计模型核算。1 号店、亚马逊中国、易迅网综合其企业公开信息及专家访谈，根据艾瑞统计模型核算

资料来源：http://mt.sohu.com/business/d20170503/138043529_499067.shtml。

图 28　2016 年中国 B2C 购物网站交易规模市场份额

基于中国几大电子商务平台服务商创建的生态，如今又衍生出很多中小型电子商务服务商，这既是中国中小企业开展电子商务必不可少的一环，同时也是中国中小企业进军电子商务市场的重要路径。

（3）集群效应明显

从地区分布来看，中国电子商务服务业快速发展区域集中在沿海一线城市。其中，浙江、北京、上海、广东、福建的电子商务服务业发展名列前茅，而广东省的服务商总数最多，北京、上海的服务商密度最高，浙江省平均单个服务商的市场表现最好。除此之外，成都、武汉、厦门、苏州、金华、西安、南京、济南、郑州、石家庄等城市成为区域性的服务商聚集地，带动了区域电子商务的发展。在电子商务发达的地区也建立了电商产业园，而电商产业园也反过来促进了电子商务的进一步发展，并产生了大量的衍生商业业态。截至 2015 年 3 月，中国已有 510 个电商产业园，其中跨境电子商务超过 20 个。这些遍布于中国 29 个省市自治区、超过 110 个城市，绝大部分园区分布于浙江、广东、江苏、福建、山东，5 省的电商园区的数量占总量的 70%以上。电商园区数量最多的前 5 个城市分别为杭州、金华、广州、温州、台州。电商衍生服务业在电商园区内集聚发展，生态日益丰富，从包括摄影、培训、咨询、工商政务等在内的基础服务业，不断向金融服务、人才服务、数据服务、供应链服务等新型服务业态发展。同时，大量传统批发市场和工业园区向电商园区转型，出现了多元化发展的新趋势。

(4) 对经济发展的贡献巨大

中小企业和电子商务已经成为中国解决就业问题的重要途径。在中国,中小企业提供80%以上的城镇就业岗位。与此同时,电子商务创造了许多新兴工作岗位,成为全面促进就业的有力支撑。《电子商务"十三五"发展规划》显示,"十二五"末,中国电子商务服务业市场规模达到1.98万亿元,传统产业与新兴业态相关从业者达2 690万人。电子商务已成为各类企业创新发展的重要领域,培养了大量电子商务创业及经理人才,创造了许多新兴工作岗位,成为"创新创业"的首选领域,为全面促进就业提供了有力支撑。

不仅如此,电子商务已经成为中国新经济发展的重要力量。世界十大互联网企业中有4家中国企业,一批电子商务企业快速发展壮大。电子商务的社会影响力也不断深入,成为推动社会体制、机制变革和商业模式创新的新动力。电子商务还带动了农村的发展,农村电子商务在政府和市场的强力推动下,物流基础设施快速改善,服务网点迅速普及,农村电子商务成为农村经济发展的催化剂。

2015年,以《国务院关于大力发展电子商务加快培育经济新动力的意见》为代表的一系列支持电子商务发展的政策密集出台,电子商务将在中国全面实现小康社会发展目标,提升社会资源配置效率,打造经济新动力,带动传统产业转型升级,打造创新大国和贸易强国等方面发挥重要作用。

4. 跨境电子商务发展状况

(1) 跨境电商交易规模快速增长

跨境电子商务成为中国进出口贸易的重要渠道。根据阿里研究院的数据,2015 年,中国跨境电商交易规模达 4.8 万亿元,同比增长 28%,跨境电商交易额占中国进出口总额的 19.5%。中国电子商务研究中心发布的《2016 年度中国电子商务市场数据监测报告》显示,2016 年,中国跨境电商交易规模 6.7 万亿元,同比增长 24%。其中,出口跨境电商交易规模 5.5 万亿元,进口跨境电商交易规模 1.2 万亿元。

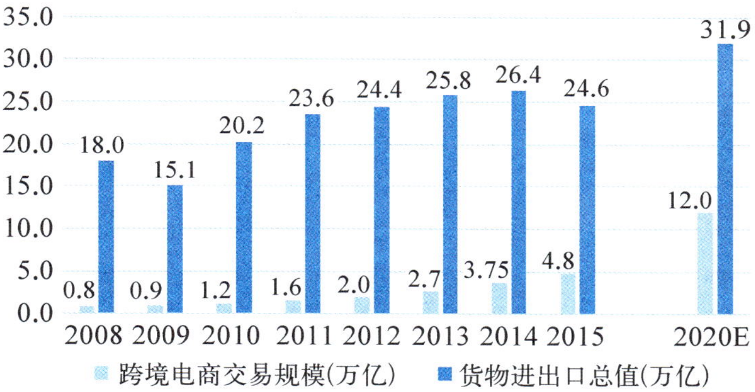

数据来源:阿里研究院:《2016 中国跨境电商发展报告》。

图 29 2008—2020 年中国跨境电商交易额、进出口总额变化情况

中国跨境电商以出口为主。2015 年,跨境电商出口交易额占跨境电商交易总额的 83.1%,进口占 16.9%。按业务模式分,中国跨境电商目前以 B2B 为主,2015 年,B2B 占跨境电商总额的 84.3%,跨境电商零售仅占 15.7%。

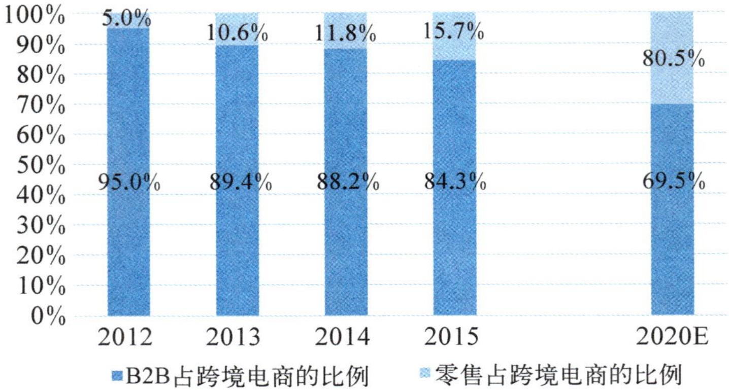

数据来源：阿里研究院：《2016 中国跨境电商发展报告》。

图 30　2012—2020 年跨境电商零售、B2B 交易额占比

虽然跨境电商交易额中零售的占比还比较低，但增长迅速。2015 年，中国跨境电商零售交易额达到 7 512 亿元，同比增长约 69%。其中，跨境电商零售出口额 5 032 亿元，同比增长约 60%；跨境电商零售进口额 2 480 亿元，同比增长约 92%。

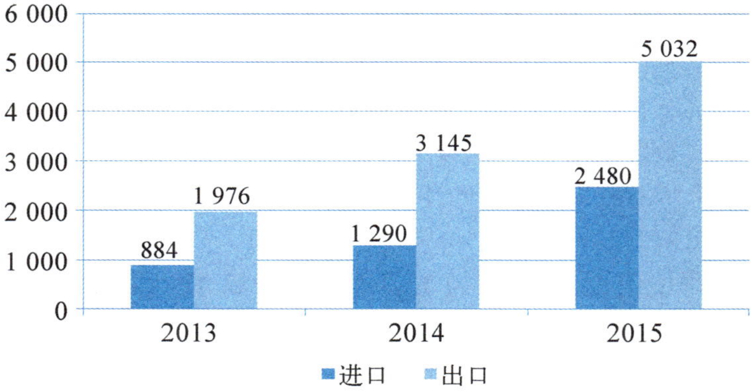

数据来源：根据阿里研究院《2016 中国跨境电商发展报告》的数据编制。

图 31　2013—2015 年中国跨境电商零售增长情况(亿元)

中国跨境电子商务在发展迅猛的同时，也面临包括物流发展水平较低、信用保障体系薄弱、支付体系风险较大、相关制度不完善、外贸成本优势下降、国际贸易形势严峻等诸多挑战。以 B2B 为例，中国跨境电商 B2B 平台虽然起步较早，但过去由于没有建立信用保障体系，总体上发展缓慢。2015 年以来，以阿里国际站为代表的中国跨境电商 B2B 平台基于逐步积累起来的企业交易和信用数据，从信息服务平台逐渐向交易平台转变。通过外贸综合服务平台提供的“关、检、税、汇”等服务，跨境电商平台可以得到企业真实的交易数据，帮助企业建立起全球网络交易信用体系，从而更好地获得国际买家的信任和订单，形成良性循环。

(2) 跨境电子商务综合试验区定位明确

2015 年 3 月，中国设立了中国(杭州)跨境电子商务综合试验区，旨在跨境电子商务交易、支付、物流、通关、退税、结汇等环节的技术标准、业务流程、监管模式和信息化建设等方面先行先试，通过制度创新、管理创新、服务创新和协同发展，破解跨境电子商务发展中的深层次矛盾和体制性难题，打造跨境电子商务完整的产业链和生态链，逐步形成一套适应和引领全球跨境电子商务发展的管理制度和规则，为推动中国跨境电子商务健康发展提供可复制、可推广的经验。

2016 年 1 月，中国又在天津、上海、重庆、合肥、郑州、广州、成都、大连、宁波、青岛、深圳、苏州等 12 个城市设立跨境电子商务综合试验区，旨在突出本地特色和优势，着力在跨境电子商务企业对企业(B2B)方式相关环节的技术标准、业务流程、监管模式和信息化建设等方面先行先试,为推动全国跨境电子商务健康发展创造更多可复制、可推广的经验。

目前,两批共13个综合实验区都已经出台了相应的实施方案,具体如表9所示。

表9 主要的跨境电子商务综合试验区

地区	定位	主要建设目标和定位
杭州	国际	经过3—5年的改革试验,力争把跨境电商综合试验区建设成以"线上集成+跨境贸易+综合服务"为主要特征,以"物流通关渠道+单一窗口信息系统+金融增值服务"为核心竞争力,"关""税""汇""检""商""物""融"一体化,线上"单一窗口"平台和线下"综合园区"平台相结合,投资贸易便利、监管高效便捷、法制环境规范的全国跨境电子商务创业创新中心、跨境电子商务服务中心和跨境电子商务大数据中心。http://www.china-hzgec.gov.cn/
上海	国际	力争通过2—3年的试验改革,形成一套线上交易、线上监管、线上服务、线下支撑的规则体系,适应和引领跨境电子商务产业发展,建成政府服务高效、市场环境规范、投资贸易便利、资源配置优化、产业特色明显的全球跨境电子商务运营中心、物流中心、金融中心和创新中心
苏州	全国	唯一一家地级市入选,也是江苏省第一家跨境电子商务综合试验区。在建设"六体系两平台"的基础上,苏州加强顶层设计和统筹规划、加强综合改革和集成创新,将建设全国性跨境电子商务的"产业聚集中心、大数据信息中心、创新创业中心、配套服务中心"等"四大中心",注重拓展"出口增量"、着力"自主品牌国际化"、突出"苏州特色"发展模式,大胆探索,创新发展,着力破解制约跨境电商发展的问题和体制性难题,为全国跨境电子商务健康发展创造更多可复制、可推广的经验。http://www.china-szgec.gov.cn/

续 表

地区	定位	主要建设目标和定位
宁波	全国	通过建设线上跨境电商综合信息平台、线下跨境电商园区平台和跨境电商物流平台，拓展“可信交易、快捷结算、便利商务、协同物流”四大服务功能，建立“信息共享、风险防控、金融支撑、企业孵化、人才建设”五大保障体系，实现“跨境电商模式创新、跨境电商监管创新、税汇便利化管理创新、跨境电子商务生态圈建设创新、海外分销渠道创新、产业联动机制创新”六大创新突破，把综试区建成国内领先的跨境电子商务产业升级引领区、监管服务创新区、仓储物流示范区。http://www.nbzsq.gov.cn/
合肥	区域	借鉴中国(杭州)跨境电子商务综合试验区建设“六大体系”“两个平台”的经验和做法，依托安徽(蜀山)跨境电子商务产业园和合肥综合保税区、出口加工区、空港经济示范区等区域，重点推动跨境电子商务 B2B 出口业务，积极开展跨境电子商务进口业务，构建信息共享、金融服务、智能物流、电商信用、统计监测和风险防控等六大体系，搭建线上“单一窗口”和线下“综合园区”两个平台，实现政府部门间信息互换、监管互认、执法互助，汇聚物流、金融、人才等配套设施和综合服务，建立以信息为基础、以信用为核心、以技术为支撑的跨境电子商务新型监管服务模式，打造跨境电子商务完整产业链和生态圈，实现跨境电子商务便利化、规范化发展。http://www.hfeport.gov.cn/mainIndexs.html
郑州	区域	加快构建信息支撑、物流带动、线上线下融合、多部门协调联动、通关一体的跨境电子商务新型监管服务模式，促进专业跨境电子商务服务企业、外贸企业、工业企业、中小网商积极参与，第三方跨境电子商务平台和自建平台相互补充，B2B、B2C、O2O(线上线下)等多种业务模式共同推进，扩出口促转型，扩进口促消费。力争到 2018 年，培育 50 家省级跨境电子商务培训孵化基地、100 家省级跨境电子商务示范园区，设立 100 个省级公共海外仓，重点扶持 1 000 家跨境电子商务企业发展，全省电子商务年交易额超 1.5 万亿元，其中跨境电子商务年交易额超 3 000 亿元，实现一区多园、一园多点、多主体运行、多模式发展的跨境电子商务新格局，总体发展水平居中西部前列，探索出在中西部地区可复制、可推广的经验

续 表

地区	定位	主要建设目标和定位
成都	全国	建成“基站”“动力”“中继”三位一体的成都跨境电商综试区。“基站”功能辐射链接“丝绸之路经济带”沿途各国电子商务，形成西部跨境电子商务创新驱动“动力”功能，成为全国电子商务进出国际市场的“中继”和“西大门”。实现“单一窗口，全域互通”，在西部提供与东部沿海城市无差距的跨境电子商务通关服务；以物流基础设施、贸易规则为主要内容，与“丝绸之路经济带”沿途各国城市形成多个点对点电子商务合作等具体目标
重庆	区域	充分发挥三个“三合一”开放平台“渝新欧”国际铁路联运大通道等独特优势，完善跨境电子商务交易服务平台，构建物流仓储、检测认证、支付结算等全方位的跨境电子商务发展生态体系；构建形成服务监管、信息共享、智能物流、信用保障、风险防控、统计监测等适应跨境电子商务发展的体制机制；加快推进跨境电子商务与战略性新兴制造业和新兴服务业协调发展，基本建成具有内陆特色的跨境电子商务综合试验区
大连	区域	旨在跨境电子商务交易、支付、物流、通关、退税、结汇等环节的技术标准、业务流程、监管模式和信息化建设等方面先行先试，通过制度创新、管理创新、服务创新和协同发展，破解跨境电子商务发展中的深层次矛盾和体制性难题，打造跨境电子商务完整的产业链和生态链，逐步形成一套适应和引领全球跨境电子商务发展的管理制度和规则，为推动中国跨境电子商务健康发展提供可复制、可推广的经验。http://www.china-dlzsq.gov.cn/
青岛	区域	围绕建立“国际贸易信息流引领发展、监管服务窗口一体化、区域合作协同发展”三大机制逐渐展开，重点在B2B模式先行先试，为全省跨境电商健康发展打造可靠样板。http://www.qd-eport.com/cbec/index.html

续 表

地区	定位	主要建设目标和定位
天津	区域	全面落实"互联网+外贸"发展战略，力争经过3—5年的改革试验，把综合试验区建成以线上数据集成、多种模式共存、综合服务完善、交易规范可信为主要特征，以物流通关渠道、单一窗口信息系统、金融增值服务为核心竞争力，"关、检、汇、税、商、物、融"一体化，线上"单一窗口"平台和线下"创新试验园区"平台相结合，投资贸易便利、监管服务高效、法制环境规范的京津冀区域跨境电子商务发展新引擎和全国跨境电子商务金融创新示范区、仓储物流中心区、转型升级引领区和创新创业先行区。
深圳	区域	依托深圳区位、产业发展和深港合作优势，以体制机制创新为核心，以优化政策举措为重点，探索跨境电子商务促外贸转型新路径，构建以平台建设促产业发展的新机制，形成基础服务与高端服务协同发展的新格局，将深圳综试区建设成为跨境电子商务及相关产业创新发展的重要载体，为开创电子商务国际化合作新局面、服务国家"一带一路"建设作出新贡献
广州	全国	大力实施"互联网+外贸"，引导传统外贸企业借助跨境电子商务推进转型升级，通过综合改革、集成创新，推动跨境电子商务公共服务平台和各类特色试点园区融合发展，推进"关、检、汇、税、商、物、融"一体化，形成适应跨境电子商务发展的新型监管服务模式和制度体系。经过3—5年的建设，将广州综试区打造成为跨境电子商务创新发展先行区、外贸优化升级加速器，将广州市建设成为全国跨境电子商务中心城市和发展高地

(3) 跨境电商相关政策相继出台

为支持跨境电商的发展，国家商务部、海关部署、税务总局、质检总局等部委不断出台相关政策，以解决电子商务交易，尤其是跨境电子商务发展过程中的制度缺失与制度冲突问题。

表 10　跨境电子商务相关政策

时间	制定单位	政策名称	意义
2013 年 2 月	国家外汇管理局	《支付机构跨境电子商务外汇支付业务试点指导意见》	确定在上海、北京、重庆、浙江、深圳 5 个地区开展支付机构跨境电子商务外汇支付业务试点
2013 年 8 月	商务部等 9 个部门	《关于实施支持跨境电子商务零售出口有关政策的意见》	将跨境电子商务零售出口纳入海关的出口贸易统计，提出了对跨境电子商务零售出口的支持政策以及出口检验、收结汇等 6 项具体措施
2013 年 12 月	商务部	《关于跨境电子商务零售出口税收政策的通知》	跨境电商零售出口可享退免税
2014 年 4 月	国家税务总局	《关于外贸综合服务企业出口货物退(免)税有关问题的公告》	明确了外贸综合服务企业可作为退税主体的情形，明确了对外贸综合服务企业作为退税主体的要求
2014 年 4 月	海关总署	《跨境电子商务服务试点网购保税进口模式问题通知》	对保税进口商品及金额的规定，规范保税进口运作模式
2014 年 7 月	海关总署	海关总署公告 2014 年第 56 号《关于跨境贸易电子商务进出境货物、物品有关监管事宜的公告》	进一步明确对跨境电子商务的监管，区分了货物和物品的概念，对于两者将采用不同的监管方案

续 表

时间	制定单位	政策名称	意义
2015年3月	国务院	《关于同意设立中国(杭州)跨境电子商务综合试验区的批复》	重点突破,着力在跨境电子商务各环节先行先试,打造跨境电子商务完整的产业链和生态链
2015年5月	国家质检总局	《关于进一步发挥检验检疫职能作用促进跨境电子商务发展的意见》	对跨境电子商务的检验检疫工作提出了针对性的安排和举措
2015年5月	海关总署	《关于调整跨境贸易电子商务监管海关作业时间和通关时限要求有关事宜的通知》	海关对跨境贸易电子商务监管实行“全年(365天)无休日、货到海关监管场所24小时内办结海关手续”的作业时间和通关时限要求
2016年4月	财政部等11个部	《关于跨境电子商务零售进口税收政策的通知》	关税暂设为0;进口环节增值税、消费税取消免征税额,暂按70%征收;个人单次交易限值为2 000元,年度交易限值为2万元
2016年5月	海关总署	《关于执行跨境电子商务零售进口新的监管要求有关事宜的通知》	明确了过渡期内跨境电子商务零售进口商品新的监管要求,过渡期为期1年,截止期为2017年5月11日(含11日)

5. 管理机构与政策

(1) 管理机构

中小企业电子商务所涉及的政府部门包括:中国发展和改革委员会、中共中央国家网络安全和信息化领导小组办公室、中国商务部、中国工业和信息化部、中国财政部、中国人力资源和社会保障部、中国人民银行、中国海关总署、中国税务总局、中国国家工商行政管理总局、中国国家质量监督检验检疫总局、中国国家外汇管理局等。

其中,商务部主要负责拟订电子商务相关标准和规则,其下属的电子商务和信息化司负责制定我国电子商务发展规划、拟订电子商务相关政策措施并组织实施、支持中小企业电子商务应用、促进网络购物等;工信部主要负责互联网行业管理(含移动互联网),协调电信网、互联网、专用通信网的建设、拟订相关政策并组织实施、指导电信和互联网相关行业自律和相关行业组织发展等。

中小企业电子商务所涉及的行业协会有中国互联网协会(ISC)和中国电子商务协会(CECA)。中国互联网协会(ISC)成立于2001年5月,由从事互联网行业的网络运营商、服务提供商、设备制造商、系统集成商以及科研、教育机构等70多家互联网从业者共同发起成立,是由中国互联网行业及与互联网相关的企事业单位自愿结成的行业性的全国性的非营利性社会组织,现有会员1 000多个,协会业务主管单位是中国工业和信息化部。中国互联网协会(ISC)的主要职责包括团结互联网行业相关企业、事业单位和社会组织，向政府主管部门反映会员和业界的愿望及合理要求，维护会员合法权益，促进互联网行业交流与合作，发挥互联网对我国经济、文化、社会以及生态文明建设的积极作用，开展法规、管理、技术、人才等专业培训，提高从业人员业务素质等。

中国电子商务协会（CECA）成立于2000年6月，是与电子商务有关的企事业单位和个人自愿参加的非营利性的全国性社团组织。中国电子商务协会（CECA）致力于电子商务科学发展，其业务活动受中国工业和信息化部的指导和中国国家民政部的监督管理，不受地区、部门、行业、所有制限制。中国电子商务协会（CECA）的主要职责是辅助政府决策，推动电子商务的发展，进行与电子商务相关业务的调查和研究，协助政府部门制定相关法律法规和政策，开展电子商务国际交流与合作，进行电子商务立法研究，推进信用体系建设等，为会员提供电子商务相关法律与法规指导等。

(2) 相关政策

2011年以来，中国各级政府部门持续加大对电子商务的支持力度，完善电子支付、物流快递等新商业基础设施，积极促进和引导电子商务服务业发展。国家电子商务示范城市、国家电子商务示范基地、电子商务示范企业等电子商务示范体系建设不断深入，跨境电子商务试点城市、跨境电子商务综合试验区、电子商务农村综合示范县、电子商务与物流快递协同试点、电商扶贫等重点工作正在有序推进。电子商务的部际联席会议制度已经建立，基本形成了一套国家和地方紧密结合的电子商务服务促进工作推进机制。

表 11　中国电子商务主要政策文件

时 间	制定单位	政策名称	主 要 内 容
2011 年 4 月	商务部	《第三方电子商务交易平台服务规范》	提出第三方电子商务交易平台设立与运营的基本行为规范，完善电子商务交易平台管理制度，进一步保护消费者的合法权益
2013 年 8 月	商务部、发改委、财政部等九部委	《关于实施支持跨境电子商务零售出口有关政策的意见》	为跨境电子商务零售出口提供了一系列支持政策，涉及出口监管、结售汇、税收、支付服务及信用体系建设等方面
2014 年 3 月	国家工商总局	《网络交易管理办法》	对从事网络商品交易及有关服务的经营者通过工商登记、许可证等方式进行规范，并对消费者 7 天无理由退换货的权利进行制度保护
2015 年 1 月	商务部	《关于加快推进电子商务人才培训工作的指导意见》	解决中国电子商务快速发展对人才的迫切需要。制订全面的电子商务人才培训规划，打造完备的继续教育体系，创新电子商务人才培养机制，建立科学合理的分级分层教育环境，推进产、学、研联动的知识更新体系建设
2015 年 4 月	商务部	《2015 年电子商务工作要点》	支持发展综合性电子商务服务平台，促进传统企业应用电子商务，培育一批专精特新型电子商务企业，支持中小企业开展网络营销，促进线上线下市场融合发展

续 表

时间	制定单位	政策名称	主要内容
2015年5月	国务院	《关于大力发展电子商务加快培育经济新动力的意见》	围绕营造宽松发展环境、促进就业创业、推动转型升级、完善物流基础设施、提升对外开放水平、构筑安全保障防线、健全支撑体系等八个方面提出了29条意见；给出了到2020年，统一开放、竞争有序、诚信守法、安全可靠的电子商务大市场基本建成的具体目标；对农业、工业、服务业三大产业未来的发展方向进行了前瞻性引导，指出了利用电商转型升级的方向
2015年5月	商务部	《“互联网+流通”行动计划》	旨在推动农村电商、线上线下融合以及跨境电商等方面创新流通方式，释放消费潜力，解决电商“最后一公里”和“最后一百米”的问题
2015年6月	国务院	《关于促进跨境电子商务健康快速发展的指导意见》	加快建立适应跨境电子商务发展特点的政策体系和监管体系，并提出了优化海关监管措施、完善检验检疫监管政策措施、明确规范进出口税收政策、完善电子商务支付结算管理、提供财政金融支持等具体措施
2015年7月	国务院	《关于积极推进“互联网+”行动的指导意见》	强调要使电子商务与其他产业的融合不断深化，网络化生产、流通、消费更加普及，标准规范、公共服务等支撑环境基本完善，要积极发展农村电子商务、大力发展行业电子商务、推动电子商务应用创新、加强电子商务国际合作，进一步扩大电子商务发展空间

续　表

时 间	制定单位	政策名称	主　要　内　容
2015 年 9 月	国务院	《关于推进线上线下互动加快商贸流通创新发展转型升级的意见》	强调一是要鼓励线上线下互动创新，二是要激发实体商业发展活力，三是要健全现代市场体系，四是要完善政策措施，并明确了具体负责部门

资料来源：根据各政府网站发布的政策文件搜集整理。

6. 实践案例："三只松鼠"的上市之路

2010 年以来，随着"互联网＋"的发展，大量的中国中小企业利用电子商务取得了巨大成功。目前正在申请 IPO 的企业"三只松鼠股份有限公司"，是中小企业借助电子商务平台实现快速发展的典型企业。

- **基本情况**

2012 年 2 月，章燎源离开安徽詹氏食品有限公司，在安徽芜湖国家高新区注册成立了三只松鼠电子商务有限公司，目前公司已拥有雇员超过 2 000 人。公司创立时的定位是以休闲食品为核心的品牌电商，主要通过天猫商城、京东、自营手机 APP 等互联网平台以及团购、线下体验店等多元化渠道开展自有品牌休闲食品的销售，产品组合覆盖坚果、干果、果干、花茶及零食等多个主要休闲食品品类，公司本身并不涉足产品生产。公司的核心品牌"三只松鼠"及三个松鼠形象"松鼠小酷""松鼠小美""松鼠小贱"在消费者群体中享有较高的知名度。从2012年6月的第一笔订单到2016年全渠道销售额超过55亿元，三只松鼠只用了5年时间。

- **创业初期：营销开路，风投加持**

三只松鼠在创业前就对发展战略、品牌定位、营销策略、竞争格局等重大问题进行了具有前瞻性的分析，这使得"三只松鼠"品牌一经推出，立刻受到了风险投资机构的青睐，2012年2月公司注册成立，当年3月份即获得IDG资本150万美元A轮投资，有了资金支持，所以在淘宝开店的第一个月就开始疯狂投放广告，最疯狂的时候，淘宝首页有5个广告位在同时投放，至于直通车以及站外推广那就更不用说了。巨量的广告投放带来两方面的效应：一方面，使得"三只松鼠"在最短的时间内产生知名度，以最短的时间占领市场，时间段意味着企业只需花费最低的成本就能获得最大的市场份额；另一方面，迅速提高了企业的估值，引起风投的关注，从而只需要付出更少的股权就能获得更多的融资，形成了"业绩增长——融资增长——业绩增长"的良性循环。2012年刚成立时，IDG以大约75万美元的价格拿到了三只松鼠23%的股权。2013年，IDG向三只松鼠增资时，认购价格便从每元注册资本2.51美元升至10.97美元。同年9月，三只松鼠B轮融资600万美元，其中今日资本领投，IDG跟投。2014年4月，IDG、今日资本再次向三只松鼠增资1 627万美元，此时每元注册资本的价格已飙升至70.64美元。

有了风险投资的加持，三只松鼠"巨量广告＋价格战＋用户体验"的传统思路占领市场并形成品牌。以碧根果为例，价格超级便宜，两包420克31.9元，而当时碧根果的供货价是500克26元。

在用户体验方面,三只松鼠第一次在零食这个类目推出试吃包、湿巾、封口夹、垃圾袋以及开口器,作为在中国零食业第一个吃螃蟹的人自然会有巨大回报,赢得了很多女性客户的赞誉与口口相传。在创建品牌方面,投入了大量的成本,通过组织架构就能看出,品牌策划部是公司最主要的部门之一,里面有漫画师、美工、文案和策划,是常规广告公司的标配。

- **搭上"互联网+"的高速列车**

2012 年,淘宝商城改名为天猫,阿里巴巴将天猫定位为时尚而有品质的 B2C 平台。2012 年以来的 5 年是中国互联网发展最快速的 5 年,正是在这一年,三只松鼠的创始人章燎源创立了三只松鼠电子商务有限公司,三只松鼠恰恰赶上了中国互联网发展最好的几年。公司构建了便捷的销售渠道,借助互联网平台优势和消费者建立起紧密联系。报告期内,公司主要的线上销售渠道包括各类第三方 B2C 在线商城及自营手机 APP。第三方在线商城方面,公司已覆盖天猫商城、京东、苏宁易购、1 号店、唯品会、当当等主流平台,并主要通过自营品牌旗舰店的形式为消费者提供统一的购物体验。同时,开发了自营手机 APP 并于 2015 年 7 月上线,方便消费者通过移动互联网随时随地下单购买。短短 5 年时间,三只松鼠迅速成长为淘宝、天猫、京东等各大平台上的明星商家,实现年销售超过 55 亿元、资产规模超过 20 亿元。

公司创始人章燎源认为,品牌塑造是三只松鼠取得目前成绩的主要原因之一。目前,在坚果产品方面,"三只松鼠"已经成为行业旗舰品牌,相关的三个松鼠形象"松鼠小酷""松鼠小美""松鼠小贱”也在消费者群体中享有较高的知名度。一方面，公司也根据消费升级的发展规律，从服务升级、体验升级、文化升级多个层次丰富“三只松鼠”品牌内涵，与消费者之间建立起以产品和服务为基础、品牌内涵和文化体验为支撑的紧密联系。另一方面，公司坚持IP化、人格化的品牌策略，通过富含人格魅力的鲜明动漫形象塑造“传递爱与快乐”的生活文化，将简单的产品销售关系拓展成为一种消费文化的阐述，增强了消费者的黏性和忠诚度，实现了较强的品牌号召力。2015年起，三只松鼠公司不断通过动画片、电视剧、视频平台植入广告的形式进行品牌推广。2016年度，《欢乐颂》和《微微一笑很倾城》剧目热播，由于在其中植入了不少广告，三只松鼠公司的曝光度大大增加，由此带来了销量猛增。除此之外，作为品牌建设的重要举措，公司还创新性地于多个城市开设线下体验店，突出品牌和产品体验，建立消费者和“三只松鼠”品牌的零距离互动。

- **挑战：低门槛、同质化**

休闲食品行业电商企业的最大挑战是准入门槛低以及产品同质化。随着互联网的发展，天猫、淘宝、京东、1号店、唯品会等中国各大电子商务平台已经日趋完善，企业入驻各大电商平台的门槛很低。这也使得企业出现了产品同质化的趋势。各大企业之间的产品线已基本趋同，由新品带来的竞争优势并不会保持很久，一家公司研发出新的产品，过不了多久竞争对手就可以跟进模仿。消费者在购买商品时主要基于功能选择和情感选择，当产品功能类似时，消费者与产品之间的情感联系就会左右消费者的购买选择，如何在准入门槛低、产品同质化的条件下塑造消费者黏性是各大电商企业不得不面对的严峻挑战。

• 应对：打造产业链生态平台＋线上线下同步发展

三只松鼠应对上述挑战的主战略是打造产业链生态平台，而并不仅仅作为一家垂直电商存在。通过平台、大数据分析以及"用户导向"理念，平台将连接上游 277 家供应商与 2 400 万用户，将用户对产品的需求实时反馈给生产者，倒逼产品品类的改良和品质的提升。

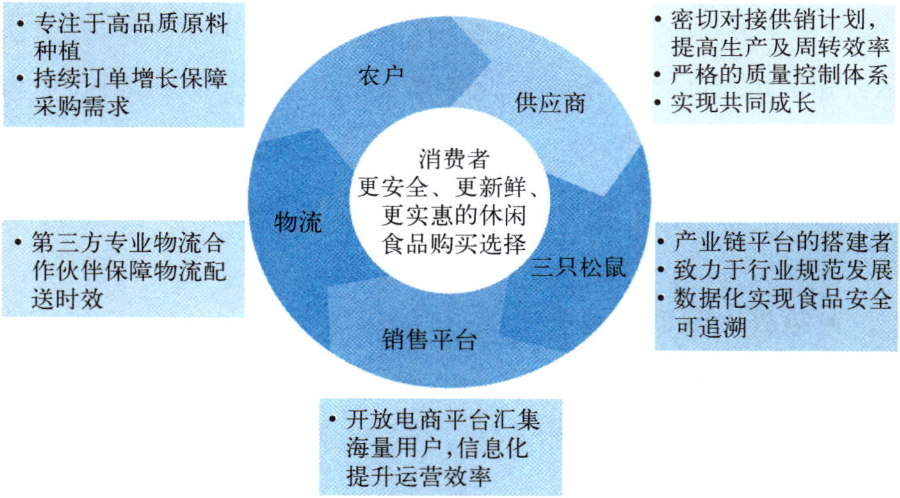

资料来源：《三只松鼠股份有限公司招股说明书》。

图 32　三只松鼠公司生态圈

休闲零食企业的竞争随着"互联网＋"红利的逐步释放而日趋白热化，战火从线上烧到线下。目前，整个行业都已呈现出线上线下互相融合、互相补充以及共生的局面。三只松鼠的老对手百草味开始了向线下进军的步伐，而盐津铺子等传统的线下零食企业则在向线上进发。如何去融合、如何去协同发展也成为这类企业下一步需要解决的问题。三只松鼠公司也认识到了电商生存现状以及未来发展趋势，认为消费升级带来品类升级的电商1.0时代已经结束，电商将开启"娱乐化"时代。按照三只松鼠公司的计划，他们牢牢把握趋势，在两年建设期内完成100家门店布局，用3—5年时间在全国300座城市开设线下品牌体验店。2016年9月底，三只松鼠第一家线下店于芜湖开业，目前公司已有两个线下体验店。线下店的选址以三四线城市为主，未来不排除进入一二线城市，三只松鼠公司将线下店定位为"着重于体验功能"的线下体验中心。此外，他们将继续加大力度在热播影视剧中植入广告，投拍以自身为原型的动画片，使用户对品牌产生立体化体验，"一提到坚果，就想到三只松鼠"。

其他的战略还包括传统的产品质量、极速物流服务、良好的售后服务等关系到消费者体验的各种问题，例如，三只松鼠已全面覆盖并已建成全国八大物流中心，实现全国80%区域的消费者次日达极速物流服务。"把消费者当上帝"仍然是互联网时代电子商务企业的竞争法宝。

• **IPO**

打造产业链生态平台、布局线下品牌体验店是三只松鼠下一步发展战略。要实现这两大战略对三只松鼠这样的电商来说，当下面临的是要开大量的线下实体店，这将需要大量的资金，既有依赖风投的融资模式难以支撑庞大的资金需求。正是在这样的背景下，2016 年 5 月，三只松鼠启动 IPO，其董事会秘书潘道伟声称，资金缺口“至少是十亿元级别的，对于轻资产的电商来说，银行贷款杯水车薪，而风投也无法满足这种规模的资金需求，上市是最佳选择”。实际上，上市是大多数创业公司的最终归宿，上市不仅能够获得更多资金，还能为前期风投投资者提供变现退出的通道。

2017 年 4 月 21 日，“三只松鼠”公司正式提交上市招股说明书，拟登录创业板。招股说明书披露，本次公司拟发行不低于 4 000 万股人民币普通股股票，募集金额将被用于“全渠道营销网络建设项目”“供应链体系升级项目”以及“物流及分装体系升级项目”，上述三个项目共需募集资金 14.37 亿元。据招股书还披露，三只松鼠 2014 年、2015 年及 2016 年分别实现营业收入 9.24 亿元、20.43 亿元、44.23 亿元，营收增长率均超过 100%，且在 2015 年以净利润 897.39 万元实现扭亏为盈，2016 年的净利润更是跃升至 2.37 亿元。

对于此次 IPO 计划，三只松鼠的创始人章燎原这样评论：“上市从来都不是我的梦想，我的梦想是创造一个独特的松鼠世界。”而距离完成这个商业模式独特、组织文化独特的松鼠世界，章燎原认为至少还需要 15 年，“我认为凡是可以存续很长的企业，必定就是与众不同的商业模式，而且没有人做过的事情，虽然艰难但是值得。所以今天只是做了第一步：有了一个 3 000 人组织，加上一定的资源而已”。

总结

三只松鼠能够取得成功一方面是赶上了互联网发展和电

子商务发展的大潮；另一方面，三只松鼠创始人章燎源遵循了企业发展的基本规律，很好地把握住了电商行业快速发展所带来的红利。同时，企业也顺利地获得了风险投资的帮助，从而挺过了尚未盈利而又竞争激烈的前几年，随着市场地位的逐渐稳固，规模效应显现，企业开始盈利并不断发展壮大自然就水到渠成了。

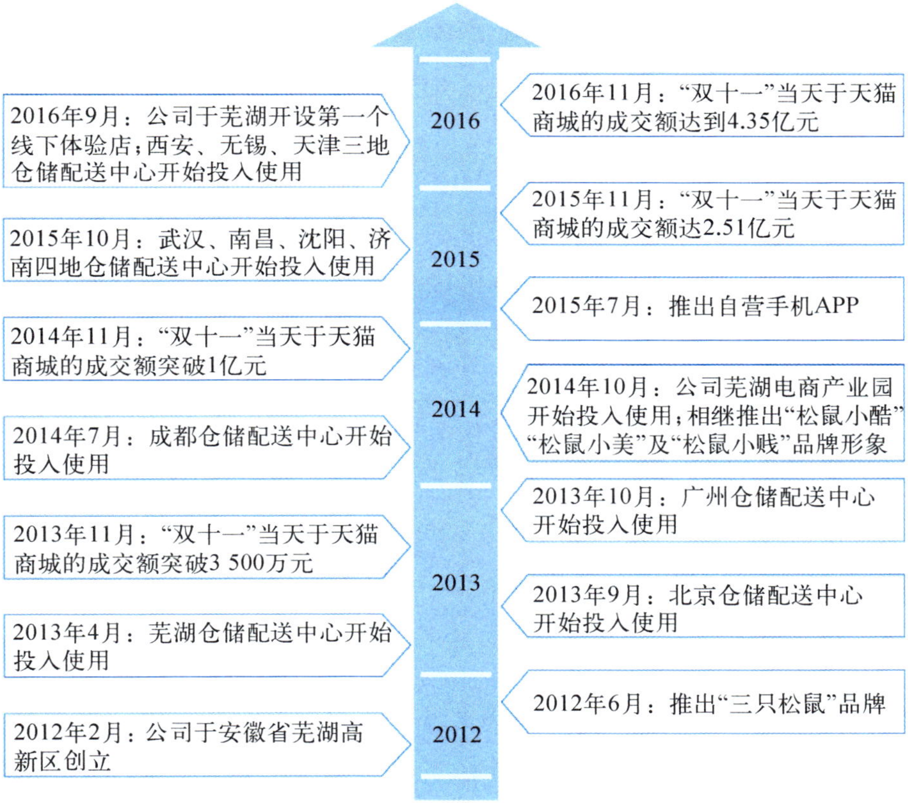

资料来源：《三只松鼠股份有限公司招股说明书》。

图 33　三只松鼠股份有限公司发展历程

(五) 南　非

1. 中小企业总体状况

1996 年的南非国家小型企业法案(102)明确定义了中型、小型和微型企业的行业标准、项目分类、企业规模、劳工同酬、营业额及产业价值等。

中小微企业包含合法登记的企业实体、未合法登记或非法运营的各类组织,范围甚广。从员工规模为 100 人左右的中型企业,到从贫困地区挣扎为生的非法个体户都可称作中小微企业。[①] 下表为南非中、小、微型企业重要指标的概况。

表 12　南非中小微企业相关指标

重　要　指　标	2015 年(第二季度)
中小微企业数量	2 251 821 户
正式注册的中小微企业数量	667 433 户
非正式的中小微企业数量	1 497 860 户
中小微企业提供的就业岗位占比[②]	14%
贸易和住宿业从业人数占比	43%
社区服务业从业人数占比	14%

① 《2016 南非中型、小型、微型企业调查报告》,经济调查局,2016 年 1 月。
② 数据来源:《中小企业员工数量与个体户数量》。

续 表

重　要　指　标	2015 年(第二季度)
建筑业从业人数占比	13%
金融商业从业人数占比	12%
对 GDP 的贡献	42%
黑人经营的正式中小微企业	34%
中小微企业主收入低于 30 000 兰特的人数占比	7%

数据来源：《2016 南非中小微企业调查报告》，南非经济调查局，2016 年 1 月。

中小微企业为国家 GDP 作出了巨大贡献，同时提供了大量的就业岗位。因此，南非政府积极制定相关政策，筹划有关项目，为中小微企业的发展创造良好的氛围。

南非中小型企业提供的商品与服务分类如图 34 所示。

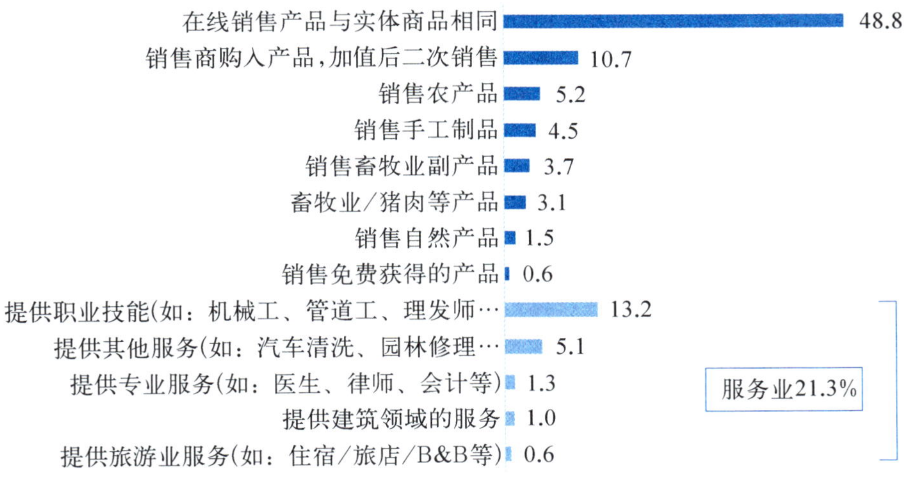

数据来源：2010 Finscope Survey。

图 34　南非中小型企业分类

根据经济调查局关于小型企业发展局发布的数据,[①] 2008—2015年,南非中小企业的数量有所增长,如图35所示。

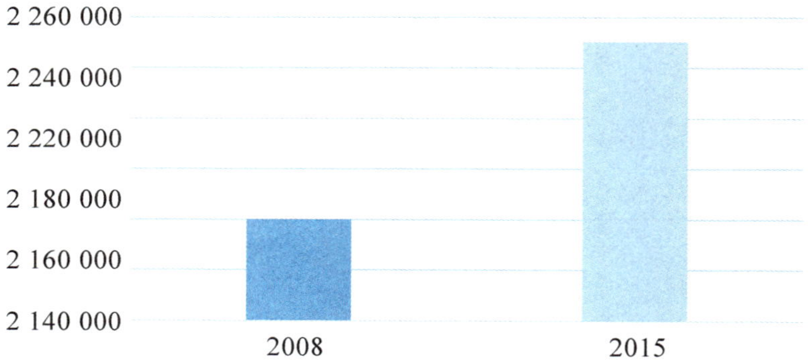

图35 2008—2015年南非中小微企业数量变化

小微企业数量从2008年第一季度的218万家上升3%至2015年第二季度的225万家,同期GDP增长14%。从2010年第四季度到2015年第一季度,中小微企业对GDP的贡献率从33%增长至42%。

2. 南非电子商务发展总体状况

根据南非数据调查机构World Wide Worx发布的数据,2016年,南非全国的在线销售总量首次达到了全国销售量的1%。2015年,南非的在线销售量上升了26%至75亿兰特(《2016南非在线销售情况》,World Wide Worx,2016)。预计2016—2020年,南非

① 《2016南非中型、小型、微型企业调查报告》,经济调查局,2016年1月,1号文件。

在线销售数量将会是最近 5 年内销量的两倍，到 2021 年，南非在线销量将达到 180 亿兰特，但占全国商品总销量的 1.5 万亿兰特的比例仍然较低。

2015 年年初，南非的网购客户人数为 322.5 万，占总网民人数的 60.8%。在剩下的 39.2%网民中，包含了有意愿网购却未付诸行动的群体，他们认为网购并非生活的必需。

南非电子商务发展相对传统，还未像西方市场一样出现各类商品一应俱全的网购创新服务，这也说明南非的新兴商业模式和未上线的各类商品都有巨大发展潜能。南非最大的电子商务平台是 Gumtree.co.za，约占 23%的市场份额；其次是 Olx.co.za，约占全部市场份额的 11%。

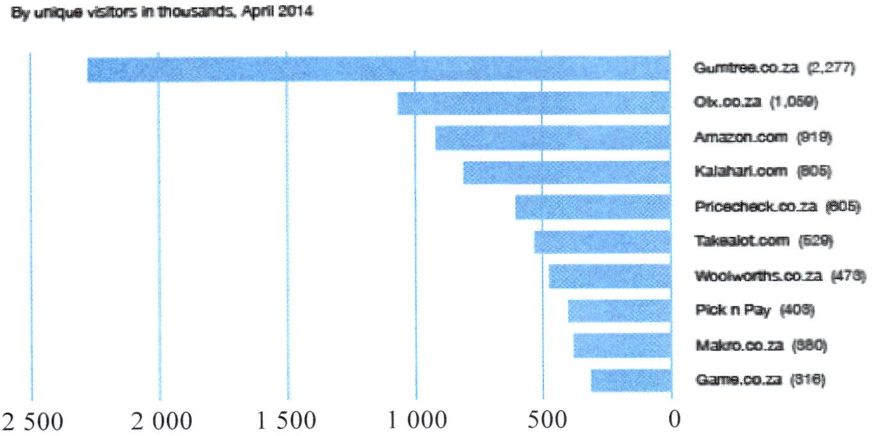

数据来源：ySats-South Africa B2C E-Commerce Market，2015。

图 36　南非主要电子商务平台的访客数量

3. 中小企业电子商务发展状况

(1) 南非网购市场的主要特征

依据2015年展开的有关南非网购市场的一项调查,[①]南非消费者网购市场呈现以下特征:

- 网络店主主要集中在18—39岁的女性
- 大部分南非人民每次网购花费在250—1 000兰特
- 33%的受访者每年网购10次或以上
- 28%的网购者用手机移动终端进行网购。在南非,多数网购者有5年以上网龄。决定是否网购消费的重要因素有:价格高低、便利程度、运输速度等

调查还显示,大型国际网络平台为小型网络商铺提供了销售渠道及支付平台。上述调查显示,越来越多的人开始熟练应用互联网,南非支付协会及银行也携手推出了网络安全条例与措施,防止网络欺诈行为的发生,电子商务的安全问题已经得到较大改善。

(2) 南非网购市场的主要商品

南非网购市场的主要商品包括:图书、DVD、在线游戏和音乐、电子元件、电脑和手机等。

(3) 中小企业电子商务的贡献

根据不同的衡量指标,中小型企业对于国家经济的贡献程度不尽相同。从GDP来看,根据贸易工业部副部长Elizabeth

---

① 跨境电子商务国家报告,南非,The Paypers,2015。

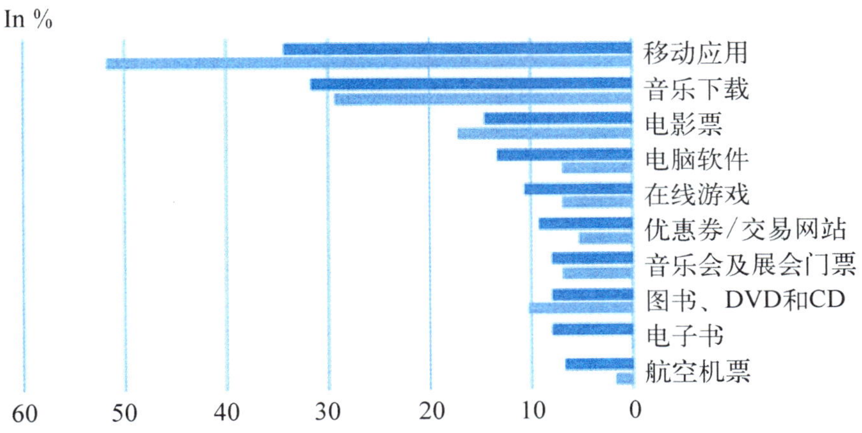

图 37 南非电子交易常见种类目录

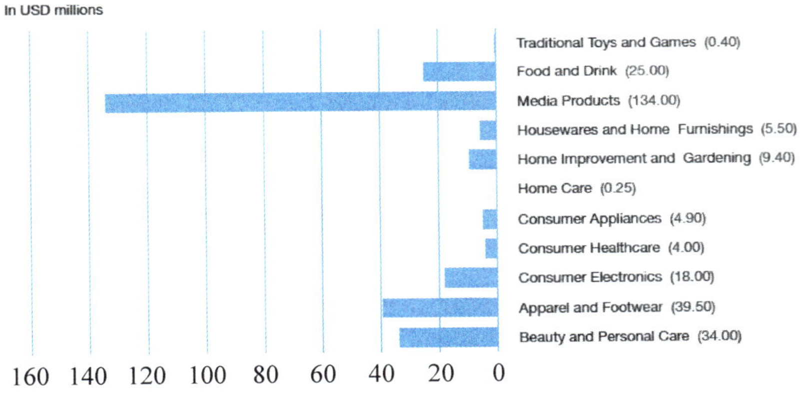

图 38 南非热门物品电子商务交易额

Thabethe 估计，中小型企业生产总值达 280 亿兰特，创造了南非六成的就业岗位，为全国 GDP 贡献了 52%—57%。①

根据调查显示，2008—2015 年，南非中小企业的发展速度慢于全国经济增长速度。但南非中小企业对 GDP 的贡献却在此期间

① 数据来自南非储备银行，2015 年南非商会。

有所增加,这可能是因为大部分中小企业仍未正式登记。

经济发展较快的省份大多都拥有较多正规注册的中小型企业。虽然目前在南非,白人仍持有较多正规中小型企业份额,但这一比例正在逐渐下降。虽然在过去7年内中小型企业主受教育水平逐年上升,但提供专业服务的中小型企业却未成比例增多。

2010年FinScope进行的南非小型企业调查结果显示,南非小型企业提供了11 602 292个就业岗位(其中7 935 972个就业岗位需要的员工少于5人,3 666 320个就业岗位需要的员工多于5人);仅有8.3%的中小型企业(约465 632家)在南非贸工部合法登记。

(4) 跨境电子商务发展状况

《南非电子商务报告》显示,跨境电子商务目前只占南非电子商务的很小一部分,主要涉及的境外地区是美国和欧洲。南非电子商务客户群中,84.3%的交易通过南非国内的网站完成,27.1%则来自美国的网站,14.6%则来自欧洲各国,详情如图39所示。

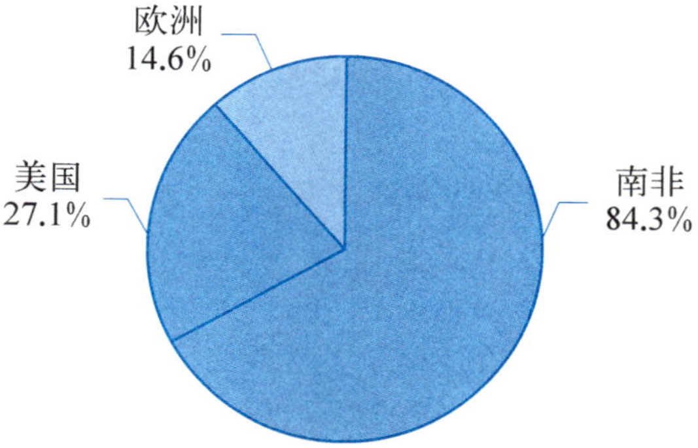

数据来源:IAB South Africa-South African Ecommerce Report 2014。

图39 南非境内及跨境销售情况

4. 管理机构与政策

(1) 管理机构

南非政府早在1995年就制定了支持南非中小型企业发展的政策——中小型企业发展白皮书。[①] 将小型企业发展综合策略中的重点放在:增加金融与非金融方面的扶植、创造中小企业产品与服务需求量、减少制度约束三个方面。与中小企业相关的政府机构包括:

- **小型企业发展局(SEDA)**

根据2004年通过的国家小型企业修订法案第29条,小型企业发展局(SEDA)于2004年12月专为扶植小型企业设立。南非政府委任小型企业发展局辅助实施各项政策,设计并完成全国小型企业网点的布局,综合治理国资小型企业。

- **小型企业财政局(SEFA)**

小型企业财政局(SEFA)和南非微型企业基金(SAMSF)以及瓜拉企业金融有限公司合并,赞助小型企业300万兰特发展基金。小型企业财政局提供短期融资、周转性贷款、定期贷款、资产融资,同时还为企业提供周转资金。

- **国家青年发展局(NYDA)**

国家青年发展局(NYDA)专为南非14—35岁的青年设立,资助其创业项目运营。在全球竞争的压力下,南非科技部为支持科

① 《南非中、小、微型企业》,经济调查局,2016,1号文件。

技创新,提高南非企业的竞争力,合并7所科技型企业为科技创新局(TIA)。

- **国家振兴基金(NEF)**

国家振兴基金(NEF)专为黑人设立,为其资本运营提供各类保障。

(2)相关政策

南非早在2002年就制定了《南非电子通信及交易法案》,制定该法案是为了:促进及规范电子通信及交易,加快全国企业发展,促进国民进一步使用电子通信及交易手段,加快中小型企业在线销售的改革步伐,在电子交易领域加快人力资源发展,防止信息技术滥用,鼓励电子政务的开展,扶植相关领域的发展。

尤其值得关注的是《南非电子通信及交易法案》第一部分第9章有关中小型企业的条款。电子通信部部长必须联合贸工部部长评估现存制度、项目及设施的状况。为帮助中小型企业有效运用电子交易设备,成功完成评估,部长应建立中小型企业电子通信中心并促进其发展,推动中小企业网站或门户网站的设立,以确保各中小企业电子商务发展,确保中小企业获取专业援助与建议,以求最有效地发展电子商务。部长还应破除国家电子通信及商务的发展壁垒,提升电子通信及交易的司法可行性,为其注入信心,在全国范围推广、扶植电子商务的发展,力求更多国民接受电子商务,确保电子通信及交易在发展的进程中符合国际性技术标准。

- 符合技术中立原则,确保电子通信及交易合法可行
- 确保南非的电子交易符合国际高水准

■ 本条款不包含任何电子商务税收规定

为确保电子商务的财政收入，政府官方对于南非电子贸易产品及服务征收14%的增值税，同时，电商必须依法办理税务登记，按期进行纳税申报，足额缴纳税款。

南非是首批发展固定宽带及电子商务的非洲国家之一。政府部门已在2013年出台宽带政策《南非网络》。2016年，半数南非国民能享受到平均速度为5 Mbps的带宽服务。到2030年，预期南非全国人民可享用平均速度为100 Mbps的带宽。

5. 实践案例：UAfrica借助云端提升效率

• 基本情况

UAfrica.com是一家为南非中小型企业提供云电子商务服务的科技公司。UAfrica提供集中库存及订单管理系统，与行业内领先的云设备国际电子商务解决方案提供商Shopify进行合作，通过各类销售渠道、实体店铺、社交媒体渠道等销售产品。在UAfrica平台运营的电商通过使用Shopify完整罗列所有商品，并在新订单产生时同步更新商品库存状态。因此，一旦产生新的订单，信息将即刻发送至Shopify。通过Shopify，电商在各销售平台的库存状态可即刻更新。

• 降成本、增流量

同时，UAfrica还提供内置的货运服务，因此商品货运的物流及时间成本大大缩减，并且通过商品追踪体系，买家可随时在店铺内查询物流现状。

鉴于南非电子商务的发展现状，网络店铺无法保障浏览量。为解决这一问题，UAfrica 推出了多渠道服务，商家可使用多渠道工具增加网络店铺的浏览量。多渠道服务体系的运作模式在于通过将店铺产品广告投放至大流量的网络销售市场站点，增加品牌知名度，以此提高店铺流量。例如，UAfrica 通过将其客户店铺与访问量较大的在线销售市场平台 BidorBuy 网站链接，有效增加了店铺访问量，大力提升了网络交易营业额。

四、金砖国家中小企业电子商务发展的主要问题

市场交易从本质上说都是信息流、资金流和物流三种动态流的组合，而电子商务和传统商品交易的不同在于能够借助信息和互联网技术让这三种流更加迅速、更加顺畅、更加低成本，任何阻碍上述三种动态流进行循环的因素都会影响电子商务的发展。金砖国家由于政治、经济、文化、市场等各方面的原因，在发展电子商务时既面临共同的难题，又存在各自不同的瓶颈。

(一)金砖国家中小企业电子商务发展面临的共同难题

1. 信息基础设施建设仍显滞后

电子商务发展过程中会产生大量的信息和数据,如何收集信息、利用信息和共享信息对于电子商务的进一步发展至关重要。目前,电子商务基础设施建设比较滞后,已成为制约各国电子商务发展的瓶颈。

根据中国互联网络信息中心发布的国家信息化发展评价报告(2016),金砖国家中,俄罗斯和中国分别排第 23 和 25 位,而巴西、南非和印度分别排第 41、55 和 58 位。

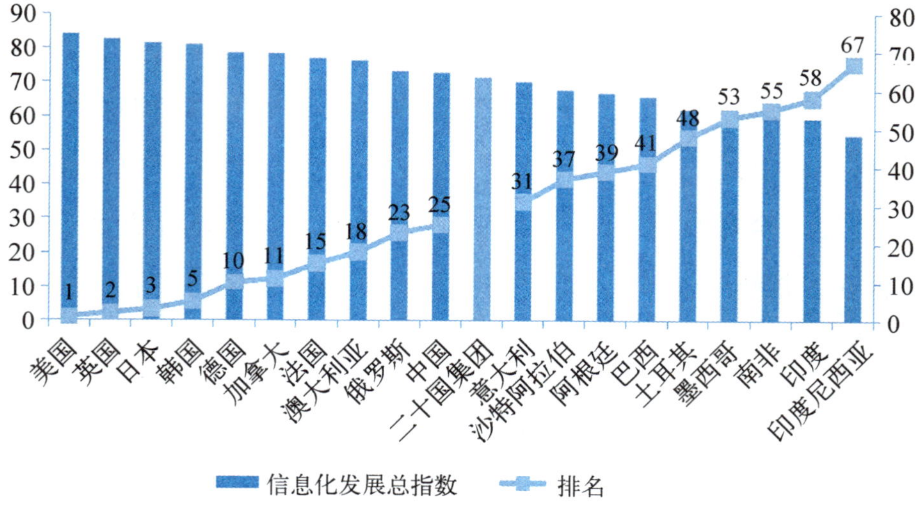

数据来源:中国互联网络信息心:《国家信息化发展评价报告(2016)》。

图 1 "二十国集团"国家信息化发展总指数对比

金砖各国信息化建设水平与发达国家仍存在一定的差距。促进金砖国家中小企业电子商务发展，首先需要从提升信息基础设施建设入手。中国《电子商务“十三五”发展规划》明确提出，要加大力度进行信息基础设施建设，进一步加强电子商务经济宏观统计监测平台建设；多渠道整合电子商务相关信息，探索对接电子商务龙头企业数据资源，进一步加强电子商务可信交易保障公共服务平台建设。

此外，目前金砖国家信息化建设水平的相对滞后，也为其带来了难得的后发优势，比如中国后来居上的移动商务网络体系建设就是很好的范例，因此，金砖各国可以通过利用后发优势创新商业模式，寻求符合自身情况的发展道路，而非一味追随发达国家的发展路径。

2. 物流难以满足快速增长的电子商务需求

物流的成本和效率是制约电子商务活动的重要因素。电子商务相对于传统商务活动的优势之一是其便利性，物流的速度及商品的损坏度直接决定了电子商务的消费体验。物流的费用越高，电子商务的优势就越不明显。

在一些电子商务市场不够发达的国家或地区，许多快递业务是由小公司或者家庭公司提供，不仅覆盖区域有限，也没有包裹追踪系统，因此很难获得消费者的信任。巴西 2015 年的高速路网甚至还落后于美国 1955 年的高速路网。即使在像中国这样电子商务较为发达的国家，物流及与物流相关的设施也是各大电商平台竞争的焦点，各电商平台都在试图建立全面、便利的物流网络，以降低电商运营成本，提高竞争优势。

未来的整个电子商务还保持在一个快速发展的区间内，这决定了未来电商物流的总需求将大幅增加。根据阿里研究院发布的《2017 中国智慧物流大数据发展报告》，2012—2016 年，快递业务量的年均增长率超过 40%。报告预计，到 2020 年，我国网络零售额将超过 10 万亿元，社会消费品零售总额占比将超过 20%，未来 5 年全年包裹量有望超过 1 000 亿件。这意味着现有的物流设施难以满足不断增长的电子商务需求。

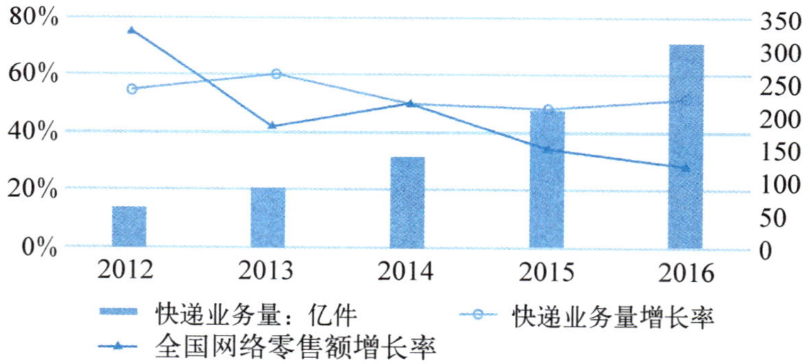

数据来源：阿里研究院：《2017 中国智慧物流大数据发展报告》。

图 2　2012 年—2016 年全国网络零售额与快递业务量增长比较

3. 电子商务相关人才紧缺

随着电子商务的发展，熟练的电子商务人才变得越来越紧缺。根据中国电子商务研究中心（100EC.CN）发布的《2015 年度中国电子商务人才状况调查报告》，目前国内 75%的电商企业存在人才缺口。被调查企业中，44%急需电商运营人才。传统的本科院校和专业培训仍无法培养出满足电商市场需要的专业人才，不少公司不得不自己培训员工。

对于跨境电子商务来说，较为缺乏既有国际贸易经验又能熟练掌握英语的人才，不仅是要掌握英语，更需要能够开拓新市场，掌握诸如巴西语、阿拉伯语、印度语等小语种的人才。而洞悉国际市场发展，了解国外交易方式、民众喜好、消费习惯等，并熟悉目标市场交易规则甚至交易纠纷处理的综合性人才更是紧缺。

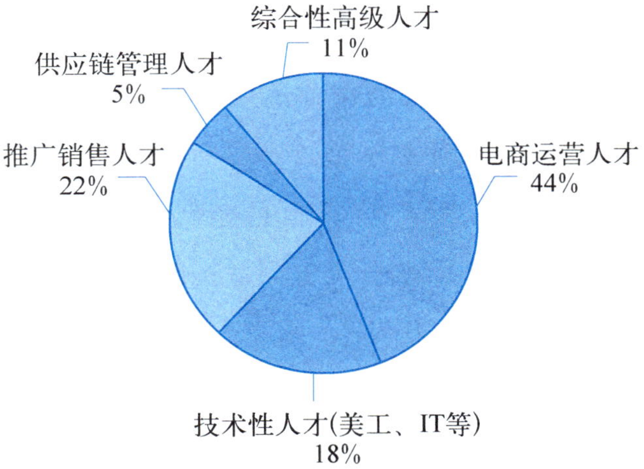

数据来源：www.100EC.CN。

图 3　受访电子商务企业当前急需的人才

针对电子商务人才稀缺的问题，政府应该鼓励职业培训机构、企业以及高等院校等多渠道、多途径培养多层次电子商务人才。首先，企业可以通过开展职前及职中培训、提高职位待遇、谨慎选拔人才，培养跨境电子商务人才；其次，大量的职业培训机构可以围绕跨境交易平台的交易规则、交易技巧等内容对企业员工进行培训,以迅速提高企业员工的综合能力;再次,鼓励高校开设跨境电子商务专业课程,或开设相关专业,从社会需求出发尽快调整并完善培养计划和模式,提高相关专业学生的实战操作能力,培养高端电子商务人才。

4. 市场监管和信用体系建设有待加强

网络交易由于买家和卖家之间信息不对称,其程度比传统交易更加严重,使得退货、返货成本更高,监管更加困难,这使得网络上假冒伪劣商品较多。例如在印度,一些供应商或分销商将假货和正货放在一起售卖,导致消费者常常会购买到假货。还有许多不法分子在利用网络法律和网络技术的漏洞从事着欺骗消费者的网络交易。假冒伪劣、虚假交易等问题在金砖其他国家同样存在。

假冒伪劣和虚假交易盛行,一方面是因为政府的市场监管不力,对各类不法行为的查处力度不足。电子商务活动涉及质检、海关、工商、税务、法律、市场等多个部门,但目前金砖各国都没有统一的《电子商务法》,政府监管往往呈现九龙治水模式,各部门之间缺乏协调机制,不利于提升监管效率。另一方面,电子商务行业协会在提供服务、反映诉求、规范行为方面仍未能发挥有效作用,行业自律机制尚未建立。

再者,电子商务市场的信用体系建设仍然十分滞后,难以激励网络卖方和买方从长远出发,珍视自己的信用水平,共同促进良好的网络生态环境建设。

在完善我国电子商务监管体系的过程中,应大力支持技术创新，通过技术创新来不断倒逼监管措施和监管理念的改革与创新，以“支付宝”为例，其通过技术创新和模式创新解决了买卖双方的信息不对称问题，从而倒逼了我国信用卡产品体系的变革。

5. 电子商务相关制度仍需进一步完善

电子商务与传统商务活动既有诸多相同之处，也有其各自的特点。在电子商务各业务环节，包括税收、质检、支付等方面的制度，以及跨境电子商务的检验检疫、报关等制度，一方面可能出现制度空缺的状况，另一方面则可能出现制度冲突的状况，即现有的传统商务制度不适合现代电子商务活动的发展。无论是制度的空缺还是制度的冲突，都不利于电子商务的发展。

金砖各国电子商务仍处于快速发展的初级阶段，整体上都存在制度空缺或制度冲突的问题。例如，俄罗斯电子商务商家抱怨的一个主要问题就是，相关的法律规章不够透明，可操作性差，清关流程混乱，官方缺乏具体操作细则等。

中国的电子商务市场得以快速发展的经验之一是，政府各部门出台了一系列的规章制度，对于有可能与原来制度冲突的地方，政府以新的“条例”“规定”或“意见”来代替。不过，中国目前还没有一部统一完整的《电子商务法》，现有法律法规多数是部门规章，层次不高，权威性不够，仍然会出现制度冲突现象。

针对电子商务活动的税收问题，巴西政府专门制定了《国家简易计税法》，统一各个市、州和联邦的征税，负责处理有关国家小微企业章程中的税法问题。该法的制定和实施，不仅对巴西的经济结构产生了重大影响,还有力推动了巴西电子商务的发展。

(二)金砖各国中小企业电子商务发展面临的主要问题

1. 巴西

(1)物流基础设施欠发达

巴西国内的物流基础设施还很薄弱,对于电商订单的派送造成了很大影响。巴西国土面积大,但许多地方的道路还未经铺设,不仅直接影响到安全性和时效性,甚至还会对卡车和火车造成损坏。图 4 显示,巴西 2015 年的高速路网甚至不及美国 1955 年的高速路网。将商品运往巴西非主要城市地区需要至少一周的时间,时常会有客户投诉超过两周甚至更长时间都没有收到包裹的情况。

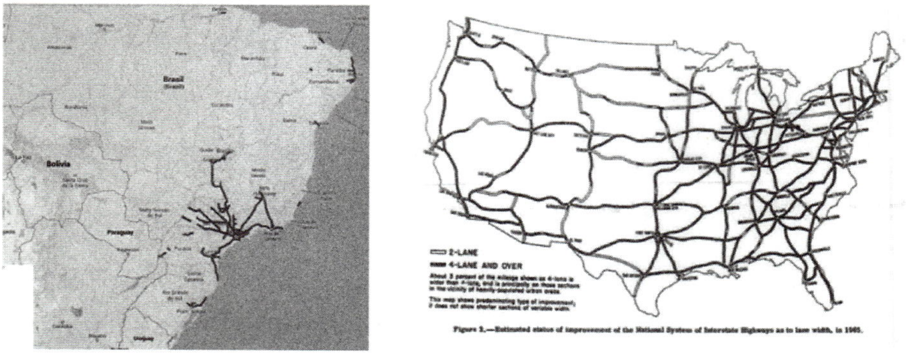

图 4　巴西 2015 年基础路网建设和美国 1955 年基础路网建设对比

在巴西，快递业务有许多是由小公司或者家庭公司提供，很多区域无法覆盖到，也没有包裹追踪系统，因此很难获得可信赖的快递服务。虽然巴西目前出现了越来越多的像 Total Express and Direct 这样的快递公司，但对于中小型企业来说，如果使用这些快递公司的服务，将意味着成本的增加。国有邮政服务巴西邮政(Correios)并不提供包裹追踪服务，不仅不利于抵制欺诈行为，物流速度也很慢。不仅如此，巴西邮政还在近期暂停了其原本针对电子商务企业的 e-SEDEX 专项服务。e-SEDEX 曾是中小企业使用率最高的一项服务，因为它在提供便捷服务的同时比传统的 Sedex 费用还低 20%—30%。该服务的叫停使得企业的物流负担进一步加重。

(2) 人才资源匮乏

巴西电子商务市场一直面临着用工荒，主要的原因是缺乏学术培训。传统的本科院校和专业培训仍无法培养出满足电商市场需要的专业人才，使得公司不得不自己培训员工。根据巴西 ABComm 公司的一项调查显示，大多数(79%)受访者认为这些专业人员并未达到所有技术的要求，22%的人不知道去哪里寻找这些专业人员。20%的受访者认为，这些专业人员对于薪资的要求比他们能支付的数额要高，9%的应聘者已经在另外的公司就职。由于市场上员工流动性的问题，要想留住员工要靠更高的薪酬和更好的奖金激励政策。

(3) 海关手续价格高昂、程序复杂

在巴西，某些特定商品需要在巴西当地的商品登记部门进行登记,需要满足当地市场的执照要求。如果直接通过电商平台进口商品而没有一个当地的合作伙伴协助,会为海外企业带来很多麻烦和问题。这样的通关壁垒使得很多国际公司对于巴西市场望而却步,阻碍了巴西电子商务的健康发展。

此外,进口商品也像国内商品一样,必须要承担反复的税费和法定程序。所有价值超过50美元的物品都会被征收高昂的税费,并需要经过多道审查。进口税和其他应缴纳税费根据进口物品的价值、运输费用和保险费进行计算。不仅如此,所有进口商品还要被征收商品流通服务税以及联邦税收(社会一体化税、公务员资产构成税以及社会保障信贷税),对于某些商品还要征收消费税(工业制成品税),另外还要加上诸如储存费、操作费、机场设施费和清关费用等。

(4) 高额税费和复杂的税费结构

巴西电商市场税费高企,种类繁多,使得总成本大大增加(各种税费加起来,根据不同的产品类别,有时可能会使原本商品的价格翻一番)。在金砖国家中,巴西的赋税是最高的,复杂的税费结构也推高了律师和会计师的成本,因为要聘请他们解决税务和登记的问题以及办理相关手续。

复杂的税费结构还表现在,全国范围内没有一个统一的收税制度,其税费有一些州是12%,还有一些州则是18%。由于技术原因,几乎很难知道用户是在哪里登录的网站,税费的不同导致来自不同地区的订单成本会有差异。直接的后果是,来自高税率州的消费者不得不多掏钱。

2. 俄罗斯

(1) 物流基础设施落后,通关效率较低

近年来,俄罗斯政府一直在努力提高其邮政运力。但是俄罗斯幅员辽阔,地区之间运距较长,中小城市和偏远地区的交通基础设施普遍落后,因此在配送时长、货运保障等方面与现代物流标准相去甚远。

俄罗斯当局的一项针对中小企业电子商务发展主要问题的调查显示,物流运输及语言障碍是制约中小企业电子商务发展的主要瓶颈。莫斯科地区的中小企业更关注物流运输问题,而其他地区的中小企业则更关注语言障碍问题。所有受访的企业都是通过俄罗斯邮政或 EMS 发送海外包裹,不仅物流运输费用昂贵,而且速度缓慢,效率低下。表 1 显示了该项调查中电子商务企业最为担忧的相关问题。

表 1　中小电子商务企业最担忧的问题

	总体比例	莫斯科商家	其他城区商家
海外货运	31%	34%	30%
语言障碍	27%	22%	30%
说服顾客	25%	26%	24%
时区差异	20%	22%	21%
收款麻烦	19%	22%	16%
退货麻烦	10%	13%	8%
海外买家往往提出过多要求	7%	6%	8%
其他	16%	15%	17%

此外,海关清关流程混乱,官方缺乏具体操作细则也是常见的问题。海关并未做出明确规定(或是已规定却没阐明),在发货或退货(指商品未出关前的退货)时具体应该填报的文件以及相关流程。但是由于小型企业对此类问题已经见怪不怪,因此海关问题对他们来说并不是最大的顾虑。相比之下,海关清关流程问题对中型企业的影响更大。

(2) 语言障碍影响跨境出口

语言障碍(包括英语及各类小语种)是继物流问题之后的第二大障碍。语言障碍主要指的是沟通能力,而非思维差异。大部分小型企业无力负担专业英语翻译的人工成本,英语语言市场以外的其他小语种市场则更是挑战重重。

(3) 政府配套政策滞后,部分政策不利于跨境电商合作

目前,俄罗斯电子商务领域的相关配套政策严重滞后。例如,俄电商企业在办理出口审批手续时,须先行提供与进口商签订的合同、海外仓备货仍需按照传统贸易方式进行等,大大增加了企业的运营成本和经营风险,制约了跨境电子商务活动的开展。

面对国外电商企业在俄罗斯的快速发展,俄有关部门和企业界屡次要求创造“公平”的市场环境,对外国电商企业采取限制措施,例如降低跨境电商包裹行邮税起征点、要求储存俄公民个人信息的服务器必须位于俄境内、对不在俄纳税的外国电商企业产品征收关税或消费税等。这些建议尽管尚未付诸实施,但增加了跨境电商合作的不确定性。

(4) 海外顾客对于俄罗斯企业缺乏信任

由于存在语言障碍和物流基础落后等原因,许多海外顾客对于俄罗斯企业缺乏信任。例如,部分俄罗斯商家为了节约成本而不对包裹进行注册,由于缺乏追踪码,包裹的运送缺乏物流信息,导致商家与顾客之间沟通困难,加重误解。

除了节省成本因素以外,商家对于物流公司规章制度的漠视也是导致该问题的主要原因之一。这些都直接影响了海外买家的购物体验,降低了其对俄罗斯企业的信任度。

此外,俄罗斯还面临着电子商务相关数据严重缺乏的问题,不仅不利于电子商务相关研究的开展,也不利于电子商务相关政策的制定和实施。

3. 印度

根据印度多个电商行业利益相关方的反馈,印度中小微电子商务企业正面临一些瓶颈,其中最大的问题是缺乏对电子商务卖家的信任,以及交易纠纷的解决机制不完善。其他问题还包括假冒伪劣问题、政府措施不健全以及数据安全等。

(1) 消费者缺乏对电子商务卖家的信任

电子商务活动中买卖双方的信息高度不对称,印度目前还缺乏有效的信息公开和信息显示机制及渠道,导致消费者对卖家缺乏信任,制约了中小微企业电子商务活动的开展。包括卖家信誉的信息、卖家实体核实情况、商品质量追踪记录、诉讼记录、涉及利益冲突关系背景调查相关信息等都会影响到消费者对卖家的信任进而影响到交易过程。

(2) 交易纠纷解决机制不完善

由于缺乏高速的宽带以及高效的支付科技,消费者倾向于使用货到付款方式,一定程度上导致退货率上升。而交易纠纷的解决机制不完善又进一步损害了买卖双方的关系,不仅对市场和卖家造成损失,还降低了消费者的满意度。

(3) 交易欺诈现象盛行

一些供应商/分销商将假货和正货放在一起售卖,导致消费者常常会购买到假货。对于电子商务企业来说,由于确保质量、真实性和包装的责任在于卖家,电子商务企业作为整合商通常无法主动检查出是否有假冒伪劣商品通过其网络售卖。

目前,虽然一些领先的电子商务平台商已经建立协定,通过掌握客户信息等手段来识别无良商家,但是由卖家单方面提供的信息往往具有误导性。例如尽管可以获取卖家的永久账号信息,却无法避免一些商家提供双重账号。

(4) 缺乏成熟的电子商务技术

缺乏成熟的电子商务技术在B2B电子商务领域表现得尤为突出。印度B2B电子商务生态系统仍然呈现零散状态,只有少数几家公司做得较好。造成该局面的主要原因是,B2B电子商务领域对于专业技术、产品性能及专业性等要求较高。

在开始使用B2B电子商务来处理库存和订单之前,用户通常用的是独立系统。将现存的系统与B2B电子商务平台融合显然十分重要,但目前两者之间的信息共享还未能很好地实现。许多小型商家对于技术的运用还不熟练，需要进行电子商务技术方面的培训。

（5）政府政策有待完善

以跨境电子商务政策为例。对于外国直接投资电子商务企业，在印度国内仍然存在较大争议，不同机构、贸易主体甚至政府部门对该问题都持有不同看法。一些观点认为小企业已经在很大程度上受到行业的保护，不应获得外国直接投资；另一些观点则认为，外国直接投资电子商务零售也将惠及中小微企业，使其得以从国外获取资金。电子商务企业则一直力促对外国直接投资电子商务企业不设限制。

尽管印度政府最近已开始采取措施，允许外国直接投资进入电子商务市场，但目前只针对特定情况下单一品牌的零售交易。这些政策对于跨境电子商务活动造成了很大的影响。

4. 中国

（1）信息化基础有待提高且发展不均衡

电子商务并非简单意义上的网上交易，而是运用网络信息技术实现传统交易的革命，所以，企业的信息化建设是电子商务活动开展的基础，甚至直接决定企业电子商务活动的成败。根据中国互联网络信息中心发布的国家信息化发展评价报告（2016），虽然中国信息化发展在产业规模、信息化应用效益等方面取得了长足进步，国际排名从 2012 年的第 36 位迅速攀升至 2016 年的第 25 位，但与美国、英国、日本等发达国家相比还有不小的差距，而且发展很不均衡，从中国东部沿海地区向西、北、南三个方向，信息化发展水平基本呈现出逐步递减的态势。

(2) 智慧物流仍处于起步阶段

根据阿里研究院发布的《2017中国智慧物流大数据发展报告》，到2020年，我国网络零售额将超过10万亿元，社会消费品零售总额占比将超过20%，未来5年全年包裹量有望超过1 000亿件。传统的物流将难以承载，以互联网、大数据、云计算等技术为代表的智慧物流必将取代传统物流。

2016年，国务院办公厅和各有关部门密集出台了多项物流行业政策，智慧物流的发展得到了国家高度重视。2016年7月，中国国务院召开了推进“互联网+”高效物流的重要会议，标志着以互联网、大数据、云计算等现代信息技术为引导的智慧物流进入了全新的发展阶段。但目前智慧物流仍处于起步阶段，全国各地区发展不平衡。例如，物流云是近年来智慧物流的发展重点之一，通过接入物流云，无论是大型还是小微物流企业都无需再自行单独开发系统，也无需自行采购数据存储设备，可以大大降低信息化建设成本，同时解决数据化程度不高的问题。根据《2017中国智慧物流大数据发展报告》，2016年1月，快递业物流云普及率的数值为5，12月增长至25.4，反映出云计算在快递领域的应用程度处于起步阶段。

中国《电子商务“十三五”发展规划》已经明确提出加大力度进行信息基础设施建设，进一步加强电子商务经济宏观统计监测平台建设。但如何整合电子商务相关信息，更好地利用信息资源，实

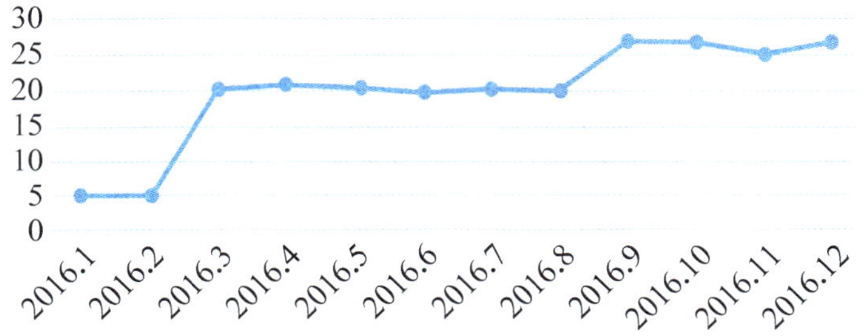

数据来源：阿里研究院发布的《2017 中国智慧物流大数据发展报告》。

图 5　2016 物流云普及率

现电子商务市场主体、客体信息库以及各级平台的信息共享等方面还有很多工作要做。

(3) 专业化的电子商务人才普遍短缺

中小企业开展电子商务的过程，需要既掌握网络信息技术又掌握商务规则的跨界人才。但目前的普遍问题在于，在绝大多数中小企业，掌握网络信息技术的人才不懂经营管理，熟悉经营管理的人才又不懂网络信息技术。另一个普遍问题是，即便中小企业诚心诚意地寻找既掌握网络信息技术又掌握商务规则的跨界人才，也难以找到，因为这些专业的跨界人才往往更倾向于选择实力雄厚的大型企业。而由于受到自身实力限制，中小企业对于内部培养专业人才的耐心普遍不足。

中国电子商务研究中心(100EC.CN)发布的《2015 年度中国电子商务人才状况调查报告》显示，目前中国国内 75%的电商企业存在人才缺口。在被调查企业中，44%的企业急需电商运营人才，18%的企业急需技术性人才(IT、美工)，22%的企业急需推广销售人才，5%的企业急需供应链管理人才，11%的企业急需综合性高级人才。

电子商务行业目前仍处于急速扩张时期,人才缺口将进一步加大,企业人力资源成本将逐年提高,人力资源管理的难度也将进一步增大。

(4) 配套制度和监管体系仍需进一步完善

目前,虽然政府已经出台了各种鼓励电子商务发展的法律、法规和文件,但仍缺乏一个统一的《电子商务法》,各部门之间协调成本较高。中小企业开展电子商务所需的法律法规、技术标准、基础设施建设、网络安全等环境和条件还不完善,与电子商务监管相关的金融监管制度和工商、税收、海关、商检等管理法规缺乏可操作性的细则。此外,网络信用体系及交易纠纷解决体系也需要进一步完善和提升。

(5) 线上流量成本居高不下,电商企业线上销售利润较低

以我国的淘宝网为例,早期的淘宝网的产品和服务推广基本只靠人力,所以有些老资格的卖家对于流量成本的意识程度还不够。整个淘宝在成长的过程中,在外围大量投放广告,以 50 元左右的一个注册用户的高昂成本不断吸纳着新用户,而平台内的卖家只需要动动脑筋就可以吸收到免费流量,这是之前在淘宝上所有卖家的最大盈利点。但是天下没有免费的午餐,近年来成交所需的流量成本一直在上升,一些淘宝品牌在推广上的费用增幅也是非常大,其中表现最明显的就是直通车和硬广告,两者的价格不断飙升,推升线上流量成本。

(6) 电商信用缺失问题严重

“双十一”是目前我国最大的网络购物节。从“双十一”的相关

研究和投诉分析,可以看出我国网络零售市场的总体信用情况。

一是经营主体失信行为。“双十一”期间,网店和电子商务平台的失信最为严重,电子商务商家占比 28.73%,电子商务平台企业占比 27.99%,两者共占比 56.72%。物流服务差评较 2015 年“双十一”有显著上升,特别是家居、建材、电子产品的售后投诉率较高。在退换货困难问题上,家电产品失信案例较多,占比达到 24.22%。

二是失信的主要类型。根据中国消费者协会的投诉数据,假冒伪劣、虚假宣传、退换货难、保价承诺不实等仍是网络零售存在的主要问题。“双十一”网络购物节期间,媒体曝光的失信案件中制假售假占比近 20.89%,误导宣传占 15.56%,折扣不实占 15.14%,网络诈骗占 11.02%,刷单炒信占 6.95%,退换货难、快递受损丢失、延迟发货、快递延迟、信息泄露分别位居失信案例第 6—10 位。

(7) 电子商务对我国实体流通行业造成影响和冲击

一是降低了流通企业的经销作用。信息时代以前,流通企业靠地域和时间上的界限,为信息缺乏的消费者提供商品,由此获得差额利润。电子商务消除了生产者与消费者之间空间上和时间上的障碍,使双方可随时进行即时互动式交流,并通过这种交流方式协商洽谈、签订协议,直至交易成功。这就导致流通企业的经销作用大大降低。

二是减弱了流通企业的信息优势。传统流通企业的优势之一,是比较熟悉商品在市场流通过程中的各种信息,包括商品资源方面的信息、需求方面的信息、价格信息和消费者对商品反馈方面的信息等。计算机网络技术在商品交易中的应用,拆除了国家与国家、企业与企业、供方与需方之间的信息围墙,将各个不同市场主体的信息资源通过互联网络联系在一起,实现信息资源的集成和共享。这种近乎最优化的信息获取和传递的网络效果,可以保证生产企业和消费者轻而易举地得到自己所需要的信息资源,从而使流通企业的信息优势减弱。

三是减少了流通企业从事商品流通中介的机会。流通企业主要从事商品的购入、销售、储运等流通中介活动,电子商务为生产者与消费者直接交易提供了极大的方便。事实证明:电子商务可以提高生产者直销的比例,这将导致流通企业从事商品流通中介的机会减少。

四是取代了某些传统的流通环节和流通活动。与传统的交易方式相比,利用电子商务进行商品交易,可以减少商品流通过程中的某些环节。诸如对商品和服务进行广告宣传、沟通和交流商品信息、对商品进行查询和选择、商品交易的洽谈和签订合同、消费者订购商品及货币支付、消费者对商品的意见反馈等活动都可以在互联网上完成。这使某些流通环节和流通活动有所减少,也就是流通企业的某些业务量相应减少。

5. 南非

(1) 物流服务质量有待提高

南非的商业体系中电子商务尚未成型,订单大多由人工分拣派送完成。随着电子商务的不断发展,订单数量增加,人工分拣、物流管理过程中会出现大量误差。面对状况频出的物流服务，南非还没有相应的自动化电子订单流水线操作系统，极大地制约了电子商务活动的开展。

另外，南非的邮政编码系统还很不健全。许多地区公用同一个邮政编码，但不同地区内的城市邮政现状与收费不同。一旦地址及邮编发生任何问题，都会大大影响购物体验。

跨境电子商务交易方面还存在物流运输成本高昂的问题。由于兰特贬值，从南非向世界各地运输产品的邮费昂贵。这使得许多中小型企业不得不选择廉价的运输服务，但廉价意味着跨境商品运输无法注册、无法追踪，进而导致政府的海关税损失惨重，限制了跨境电子交易的发展。

(2) 网络买家对电子商务缺乏信心

虽然网站上提供每种产品的预览图，但很多买家仍然不放心在网上购物，对于产品的真实性习惯性存疑。物流基础设施的不完善使得在商品运送至买家的过程中，常常遭窃或损毁状况严重。因此，部分顾客即使在网站上浏览过商品，也必须到实体店中亲自看到产品才决定付款。这种信心不足严重影响了南非电子商务的发展。

另一方面，许多商家不了解开设网络店铺的具体流程，并且缺乏足够信息，所以潜意识地认为这是一个难题，致使电子商务企业数量增长缓慢。对此，南非还缺乏相关的教育、培训及辅导课程。

(3) 支付方式较为落后

在南非，Paypal 用户一般通过南非当地银行 FNB 取出钱款。

然而如果 Paypal 用户没有 FNB 银行账户，取款时就必须支付手续费。此外，取钱流程中的用户身份验证及银行消息验证需要耗费大量时间。支付方式的落后已成为制约南非电子商务发展的一大瓶颈。

此外，制约南非中小企业电子商务发展的主要问题还包括缺乏资金贷款、较低的研发水平、繁琐的劳动法规、专业人才短缺、劳工受教育程度偏低、政府职能缺失、缺乏市场准入机制等。

五、金砖国家电子商务相关法律法规与制度

无论是金砖国家之间跨境电商交易，还是各国国内电子商务行业发展，都需要面对政府监管与治理的问题，跨境电商已经发展到了理论、政策和规则创新的攻坚阶段，在电子商务方面创建数据时代的国际经贸新规则，已经历史性地提上了议事日程。

跨境电子商务作为一种新型国际贸易方式，对推动金砖国家经济一体化具有十分重要的战略意义。然而，各国之间电子商务发展的不平衡以及存在的严重利益分歧使跨境电子商务规则难以在国际层面形成统一。因此，作为金砖国家贸易投资合作框架的重要组成部分，金砖国家可发出推动电子商务跨境经贸规则治理合作的倡议，号召金砖五国政府协调合力，以多边合作协商机制来研究、讨论、制定新的适合跨境电商发展的规则，共同推进对包括海关、贸易、运输、物流在内的政府监管进行改革。同时，让官方、

企业、社群、专家、国际组织平等、积极参与进来，共同创建开放、公平的数据时代经贸规则。

涉及国与国之间相关部门的协同监管，是历史上从未有过的，需要新思路下的监管，需要在实践中不断摸索。跨境电商中的“跨”字，意味着交易涉及不同的国家和地区；而不同国家和地区的贸易、税收等政策都大不一样，消费者的习惯也有很大差别。如何做到对跨境电商的“跨境协同监管”，是该行业面临的首要难题；而对金砖各国现行的相关法律规定、制度政策进行梳理、归纳和比较，则是破解这一难题的第一步。

(一) 金砖各国电子商务法律、规则、制度及标准制定的现状

1. 电子商务法律法规与监管规则

笔者拟对金砖五国目前已出台的与电子商务相关的法律法规与监管规则进行梳理和解读。中国对电子商务进行规制的法律很多，根据规范的对象可划分为对电子商务交易主体立法、对交易环境的立法、对物流配送的立法。俄罗斯电子商务立法始于1995年《俄罗斯信息、信息化和信息保护法》，作为俄罗斯最早的信息化法律也是世界上较早的信息化法律，该法尽管还存在一些不足之处，但仍不失为俄罗斯信息化立法的先驱和先导者，对俄罗斯近20年来的信息化立法有很好的指导和借鉴作用。印度电子商务主体法

规是 1998 年推出的《电子商务支持法》。巴西电子商务发展主要遵循 2013 年发布的最早电商法案 Decree No. 7962。南非电子商务的标志性法规包括《南非电信法》《电子通信和交易法》，以及最新的《电子通信法》。

表 1 金砖国家与电子商务相关的法律法规

中国		
电子商务交易主体立法	《网络交易管理办法》(2014 年 1 月 26 日以国家工商行政管理总局令第 60 号文件发布)	坚持个人网上开店的“实名制”原则。要求从事网络商品交易的自然人，应通过第三方交易平台开展经营活动，并向第三方交易平台提交其姓名、地址、有效身份证明、有效联系方式等真实身份信息。具备登记注册条件的，还要依法办理工商登记
		明确规定了网上交易过程中经营者应遵守的基本义务，如应向消费者提供经营地址、联系方式、商品或者服务的数量和质量、价款或者费用、履行期限和方式、支付形式、退换货方式、安全注意事项和风险警示、售后服务、民事责任等信息；应采取安全保障措施确保交易安全可靠；应保证商品或者服务的完整性，不得将商品或者服务不合理拆分出售；应向消费者出具发票等购货凭证或服务单据等
		在售后服务方面，消费者有权自收到商品之日起 7 日内退货，且无需说明理由，网络商品经营者应当自收到退回商品之日起 7 日内返还消费者支付的商品价款。当然，消费者定做的、鲜活易腐的、在线下载或消费者拆封的数字化商品、报纸和期刊等除外，消费者退货的商品应当完好，并承担退回商品的运费

续 表

中 国		
电子商务交易环境立法	《支付机构互联网支付业务风险防范指引》	提高支付机构的全面保障水平,明确了注册审查、服务协议、身份认证、账户与交易监控、账户信息安全、教育服务等各环节的操作规范
	《支付机构跨境电子商务外汇支付业务试点指导意见》	规范小额电子商务交易提供跨境网络支付服务,包括外汇资金汇集、收付和结售汇服务
	《跨境贸易人民币结算试点管理办法》	中国政府对跨境互联网支付持促进态度,同时不忽视必要的规范,密切关注跨境支付会产生的客户资金和信息安全的隐患,以及洗钱等犯罪行为和金融风险,在其后颁布的《实施细则》中,为了支持跨境电子商务的发展,在试点城市进一步实践跨境支付的监管
	《电子支付指引》	对损失责任进行划定
	《非金融机构支付服务管理办法》	取得"支付业务许可证"的机构才能依法从事网络支付、发行预付卡、银行卡收单等业务
电子商务物流配送立法	商务部《关于加快流通领域电子商务发展的意见》	对跨境电子商务的物流环节提出了发展目标,即以企业为主体,市场为导向,信息化带动流通现代化,加快电子商务在流通领域的应用推广,推进流通领域的电子商务化,为跨境电子商务流通环节的发展和完善奠定了基础
	海关总署 2014 年第 56 号公告《关于跨境贸易电子商务进出境货物、物品有关监管事宜的公告》	针对从事跨境电子商务的企业或个人,在跨境电子商务货物、物品的进出口监管等方面,提出监管要求

续 表

俄罗斯	
1995 年《联邦信息、信息化和信息保护法》	用于调整在下列情况下发生的关系：在建立、收集、处理、存储、保存、查找、传播和向需求者提供文件信息的基础上，组建和使用信息资源时；在建立和使用信息技术及其保障手段时；在保护信息、参与信息流程和信息化主体的权益时
1996 年《国际信息交流法》	确定了在信息交流中如何保护国家、法人和自然人的利益
2001 年《俄联邦电子商务法》	对电子商务经营主体的权利和义务、法律责任，电子合同的订立程序、电子商务活动中电子文件的凭证效力、电子商务信息管理等作出规定
2001 年《电子数字签名法》	规定了国家机构、法人和自然人在正式文件上用电子密码进行签名的条件、电子签名的确认、效力、保存期限和管理办法等
2004 年《2001—2006 年俄联邦电子商务发展目标规划》	拟采取一系列措施鼓励电子商务的发展，其中包括开展电子商务试点，开发具有示范作用的电子商务系统，在俄联邦各地区建立电子商务网络，通过网络进行国家采购，以带动电子商务的发展，修改民法法典中与《信息、信息化和信息保护法》相冲突的条款，建立电子商务教学、咨询中心
2011 年《俄联邦国家支付系统法》	对电子货币业务管理作出明确规定，俄央行负责对电子货币运营商、第三方支付运营商及电子支付基础设施服务商(业务中心、清算和结算中心)的行为进行监管。同年颁布《俄联邦电子签名法》，规定了电子签名的效力、确认、保存期限和管理办法等

续 表

印 度	
1998 年《电子商务支持法》	对现有立法(包括 1860 年印度刑法典、1872 年印度证据法、1872 年合同法、1885 年印度电报法、1891 年银行账簿证据法、1897 年一般条款法、1934 年印度储备银行法)进行修正,以促进电子商务的进一步发展并解决这些立法在独特的电子商务领域的应用中产生的问题
1999 年电子商务税收政策	对在境外使用计算机系统而由印度公司向美国公司支付的款项均视为来源于印度的特许权使用费并征收预提税。该项政策也标志着印度成为首先对电子商务征税的国家之一
巴 西	
2009 年巴西中央银行与司法部经济法律局、财政部经济监测局联合推出了对信用卡产业实施改革的 5 项措施	取消 POS 终端网络独家使用、对 POS 终端网络的共同利用、服务购买合同在签署过程中的公开性、划拨和清算费用一致性、在借记卡基础上加强国家支付体系建设以及跨行手续费结算透明度等
2013 年 Decree No. 7962	
2013 年《宽带互联网发展计划》和《全球 IT 计划》	主要用来促进软件产品,特别是用于电子商务平台的软件产品开发,促使巴西网上购物平台流程和操作更为统一、规范
南 非	
1996 年《南非电信法》	鼓励在电信领域的投资和创新,促进了南非电信领域的发展,特别是在电信基础设施投资方面政策效果显著
2002 年《电子通信和交易法》	第一次为电子交易提供法律框架、网络犯罪界定和保护隐私条例
2006 年《电子通信法》	对 ICT 行业技术发展进行监管

2. 电子商务贸易与投资政策

由于跨境电商承载着国家外贸转型升级的使命，近年来得到金砖各国政府的大力推动，旨在营造良好电子商务投资与贸易发展环境，制定促进电子商务产业发展的政策，在财税、海关、商检、外汇等领域进一步完善相关政策和制度，加强政府支持、鼓励和引导。

一直以来，中国都非常重视对外贸易的发展，中央政府几乎每年发文指示；而自 2013 年起，在中国国务院下发的促进外贸稳定发展的相关文件中，均涉及跨境电商，这说明跨境电商已经作为一个常态事项，列入国务院对国际贸易的例行指导文件中。俄罗斯在产业和财税政策方面制定出台了一系列产业发展政策推动本国跨境电子商务发展。印度在财税政策方面，是全球最早对电子商务征税的国家之一；贸易政策方面，印度海关对跨境电商产品实施严格的监管；投资政策方面，对外国电商在本土从事业务的限制在一步步放开。巴西则是通过贸易保护政策、高关税和行邮税、支付体系限制三管齐下控制海外电商进入。南非颁布的《国家综合 ICT 政策绿皮书》作为国家首个电子商务产业发展支持政策。

表 2　金砖国家电子商务贸易与投资政策

中　国		
中央政府政策	《关于大力发展电子商务加快培育经济新动力的意见》（国发〔2015〕24 号）	一个中心。坚持依靠改革推动科学发展，主动适应和引领经济发展新常态，着力解决电子商务发展中的深层次矛盾和重大问题 三条原则。一是积极推动。积极协调解决

续 表

中国		
中央政府政策	《关于大力发展电子商务加快培育经济新动力的意见》(国发〔2015〕24号)	电子商务发展中的各种矛盾与问题;在政府资源开放、网络安全保障、投融资支持、基础设施和诚信体系建设等方面加大服务力度。二是逐步规范。法未授权的政府部门不能为,法无禁止的市场主体即可为,最大限度减少对电子商务市场的行政干预。三是加强引导。加强对电子商务发展中前瞻性、苗头性、倾向性问题的研究,及时在商业模式创新、关键技术研发、国际市场开拓等方面加大对企业的支持引导力度 七项举措。提出了营造宽松发展环境、促进就业创业、推动转型升级、完善物流基础设施、提升对外开放水平、构筑安全保障防线、健全支撑体系等七方面的政策措施
	《关于促进跨境电子商务健康快速发展的指导意见》(国办发〔2015〕46号)	“4个部门”。要求海关、检验检疫、财税、外管对进出口跨境电商发布相应的政策 “3种平台”。鼓励公共平台、外贸综合服务平台和自建平台做大做强 “2类试(实)验区”。建设跨境电子商务综合试验区和海峡两岸电子商务经济合作实验区
监管部门政策	2013年商务部《关于实施支持跨境电子商务零售出口有关政策意见》	对电子商务出口经营主体的分类、建立适应电子商务出口的新型海关监管模式并进行专项统计、建立相适应的检验监管模式、支持企业正常售结汇、鼓励银行机构和支付机构为跨境电子商务提供支付服务、实施相适应的税收政策,以及建立电子商务出口信用体系

续　表

中　国		
监管部门政策	2015 年质检总局《关于进一步发挥检验检疫职能促进跨境电子商务发展的意见》	加快建立符合跨境电子商务发展要求的检验检疫工作体制机制 建立跨境电子商务清单管理制度 构建跨境电子商务风险监控和质量追溯体系 创新跨境电子商务检验检疫监管模式，对跨境电子商务商品实行全申报管理，对出境跨境电子商品实行集中申报、集中办理放行手续，对入境跨境电子商务商品实行集中申报、核查放行 实施跨境电子商务备案管理，加强跨境电子商务信息化建设
	2015 年质检总局《关于加强跨境电子商务进出口消费品检验监管工作的指导意见》	旨在根据跨境电子商务新业态特点，进一步提升中国跨境电子商务进出口消费品（本意见提及的消费品为轻工、纺织及电子电器类产品）质量安全水平，保障消费者健康与安全，促进跨境电子商务健康发展
	2015 年国家质检总局《关于支持中国（杭州）跨境电子商务综合试验区发展的意见》	鼓励综试区制度创新和探索、进一步下放事权、推进信用体系建设、实施更加便利的通关一体化，确立进出口跨境电子商务监管模式、建立进出口跨境电子商务负面清单和进口跨境电子商务重点商品和重点项目监管清单管理制度、支持开展电商规范认证、支持线上“单一窗口”建设
	2015 年国家质检总局《网购保税模式跨境电子商务进口食品安全监督管理细则（征求意见稿）》	对网购保税进口做了定义，创设性地引入电子标签来满足新法对中文标签规定
	2016 年国家质检总局《跨境电子商务经营主体和商品备案管理工作规范》	进一步明确了跨境电商进口商品负面清单的意义，从而构建符合跨境电子商务发展的检验检疫工作体制机制，建立、构建跨境电子商务风险监控和质量追溯体系，创新跨境电子商务检验检疫监管模式，实施跨境电子商务备案管理，加强跨境电子商务信息化建设

续 表

俄罗斯	
2001年《俄联邦电子商务发展规划(2001—2006年)》	俄政府采取一系列措施促进电子商务发展,包括开展电子商务试点,开发具有示范作用的电子商务系统,研究通过网络平台进行政府采购,建立地方电子商务中心及教学和咨询中心等
2002年《"电子俄罗斯"联邦专项规划(2002—2010年)》	为适应世界信息技术发展趋势,促进国内电子通信、电子政务和电子商务发展,尽快与国际接轨。俄通信与大众传媒部为规划实施的牵头单位
2006年《政府采购法》	允许通过电子商务平台进行政府采购,推动B2G市场快速发展
2012年俄白哈关税同盟	通过统一的电子商务平台进行政府采购,为B2G市场发展注入新的活力
2016年俄罗斯联邦海关总署	向政府提出建议将免税进口额由每月1 000欧元降至22欧元,但这一提议还未得到俄经济发展部的批复
2017年《俄罗斯新税务条例》	条例中规定通过互联网向俄罗斯居民提供服务的外国IT公司需提交在俄罗斯境内的销售信息,并缴纳18%的增值税。新条例的推出加剧了海外企业在俄市场的运营难度

印度		
税收政策	1999年开始对电子商务征税	印度主要实行以流转税为主的税收制度,同时作为电子商务的净输入国,电子商务的发展会造成本国流转税大量流失,税基缩小,财政实力被削弱,从而进一步扩大其与发达国家经济实力的差距

续　表

印　度		
贸易政策	海关对跨境电商产品实施严格的监管	发货商必须按以下信息对货物做申报：个人、办公或商业信函上的信息无商业价值，可申报为文件；含有一定价值的礼物或样品、产品或商品等，货物价值须申报在商业发票上，且须申报为非文件包裹。如货物错误申报，与印度海关规则严重不相符，将产生高额罚款
投资政策	对外国电商在本土从事业务以及本土电商公司利用外资的限制在一步步放开	2014 年，允许在印度有制造基地的外国企业建立网络销售平台，直接向印度的消费者提供网购服务 2016 年，印度工业政策和促进局允许外国投资者在印度电子商务平台的持股比例达到 100%，但仍将限制外商对自营型电商公司的投资 企业对消费者模式（B2C）电子商务目前不允许外商直接投资

巴　西	
贸易政策	为了保护本国的工业生产，对国外进口的货物采取征税的贸易保护政策；政府也会制定各类经济保护政策，设置高税收以及限制廉价商品的进口
海关政策	国际上海关检查最为严格的国家之一，对于包裹的检验率高达 100%
市场政策	限制巴西消费者在国内使用信用卡和借记卡，通过支付体系限制海外电商进入

南　非	
2014 年发布《国家综合 ICT 政策绿皮书》	国家首个电子商务产业发展支持政策，将促进 ICT 产业投资作为最基本的政策目标之一，政府致力于构建适宜的政策环境：一是制定合适的投资政策和规章制度，二是培育建立研究和开发能力，三是促进创新

3. 电子商务的数据与安全法规

随着互联网的应用,其安全问题也变得越来越突出。电子商务的一个重要技术特征是利用IT技术来传输和处理商业信息,因而在计算机网络安全的基础上,如何保障电子商务的保密性、完整性、可鉴别性、不可伪造性和不可抵赖性,是保障交易各方合法权益的基本前提。对于金砖各国而言,加强网络信息保护和信息公开有关规定,加快推动制定网络安全、电子商务等法律法规,仍是完善电子商务环境所面临的严峻挑战。

表3 金砖国家电子商务的数据与安全法规

中国		
数据安全维护	《网络交易管理办法》	第三方平台应当审查其平台上发布的商品,并保存服务信息,保存平台经营者或个人的身份信息自其注销之日起至少两年,交易记录等信息备份自交易完成起至少两年;平台要采取电子签名、数据备份等技术手段,确保网络交易数据的完整和安全
保护信息安全	《网络交易管理办法》	网络经营者、服务提供者应遵循合法、正当、必要原则,收集的消费者、经营者信息,明示搜集的目的和方式,并征求拥有者的同意,要公开收集和使用的规则,且不得违反法律或双方约定;必须严格保密所收集的个人信息或商业秘密;经营者应采取必要措施确保信息安全,一旦发生泄露和丢失应当立即补救;网络经营者如果要向消费者发送商业广告信息,须经消费者同意
	《电子商务法(草案)》	认证服务提供者应妥善保管认证相关信息,期限为认证书失效后至少5年,在电子签名制作数据已经失密时电子签名人应告知有关方,并终止使用,如果未及时告知对方或没有停止使用的,给有关各方造成损失,当事人要承担赔偿责任。如果伪造、冒用、盗用他人电子签名,要依法追究责任

续 表

中国		
保护信息安全	《关于维护互联网安全的决定》	利用互联网虚假宣传或销售伪劣产品;损害他人商业信誉和商品声誉,以及知识产权;非法截获、篡改他人电子邮件或者数据资料,侵犯公民通信自由和个人隐私,均为犯罪行为
俄罗斯	N/A	
印度	N/A	
巴西	N/A	
南非	N/A	

4. 电子商务消费者权益保护与知识产权保护

电子商务作为一种全新的消费模式,为消费者提供了一种更加便捷的消费方式。但在当前金砖国家相关法律保护尚不完善的条件下,网络消费者侵权行为越来越严重、形式越来越多,如虚假、欺诈销售、不良的售后服务等。由于电子商务的一些特性,消费者权益在其中受侵害的方式也相应地具有特殊性,比如,消费者不能那么容易地预见到自己的权益受到侵害;另外,在网络购物环境中,由于以网络为媒介,其违法信息传播速度很快且范围大,影响难以消除;网络购物中的违法行为由于突破了时间、地域的限制,取证非常困难,增加了消费者维权的难度等。如何保护电子商务消费者的合法权益,已成为各国电子商务快速发展必须要解决的问题。

在中国,除了《网络交易管理办法》,还会援引《商标法》《企业名称登记管理规定》《反不正当竞争法》《侵权责任法》等。俄罗斯2017年出台了《网络平台上销售人员责任的法案》。印度2017年发布了电商食品企业经营者运作指南。巴西消费者保护主要依靠3部法律,1991年Consumer Protection Code(Código de Defesa do Consumidor,CDC)适用于实体店和电商。南非《电子通信和交易法》(ECTA)法案中有专门关于消费者保护的章节。

表4 金砖国家电子商务消费者权益保护与知识产权保护法

中国	
《网络交易管理办法》	网络经营者、服务提供者应遵守《商标法》《企业名称登记管理规定》等规定,不侵犯他人商标、企业名称等
《反不正当竞争法》	不得使用网络从事以下活动:未经同意使用知名网站特有域名、名称,或者使用与知名网站近似的域名、名称;未经同意或授权,擅自使用、伪造政府部门及社会团体的电子标识进行虚假宣传,引人误解
《侵权责任法》	网络交易的第三方平台要采取必要手段,保护注册商标、企业名称权等权利,要向有关部门报告平台内经营者实施的侵权行为,并援引相关法律规定予以制止

续 表

中 国	
《"十三五"国家战略性新兴产业发展规划》	要求积极推进专利法、著作权法修订工作。跟踪新技术、新业态、新模式发展创新，加强互联网、电子商务、大数据等领域知识产权保护规则研究，完善商业模式知识产权保护、商业秘密保护、实用艺术品外观设计专利保护等相关法律法规。完善知识产权快速维权机制，新建一批快速维权中心。将故意侵犯知识产权行为纳入社会信用记录，健全知识产权行政侵权查处机制，依法严厉打击侵犯知识产权犯罪行为，加大海关知识产权执法保护力度，推动提高知识产权侵权法定赔偿上限额度
俄罗斯	
2017 年《网络平台上销售人员责任的法案》	—
印 度	
2017 年印度食品安全标准局(FSSAI)《电商食品企业经营者运作指南》	就电商食品企业注册和许可、供应链合规性、产品明细和应告知信息、经营者责任、消费者投诉处理及召回责任 7 个方面提出了具体要求
巴 西	
1991 年 Consumer Protection Code (Código de Defesa do Consumidor，CDC)	建立消费者电子商务保护机制、规范产品和服务的电子销售、确定网络运营公司运营的标准、要求企业在线显示其公司名称、地址和纳税人识别号码

续 表

巴 西	
2010 年《电子商务交易准则》	保证电子商务的透明度,保证与传统交易相同的保护水平,包括禁止误导或不清楚的广告,并确保消费者在交易之前获得合同的一般条款
2013 年法令 7962	通过电子方式购买的消费者可获得他们正在购买的产品、服务和供应商的安全和清晰的信息,享有明确的交货期限和售后服务。新法令的主要目的是向消费者提供一个信息渠道,并尊重消费者对购买商品的退换权利
2016 年 Consumer Protection Code 法案新增规定	要求电商企业必须说明公司所有权和所在位置,并禁止店铺发送促销邮件给没有选择这一服务的消费者
南 非	
ECTA 法案	强调电子商品和服务提供商有义务在提供此类商品或服务的网站上向消费者提供某些信息,所需的具体信息为商人的全名和法定地位、物理地址和电话号码、安全程序、政策和商业行为准则,以及付款方式和货物或服务的全部价格,包括运输费用、税款和任何其他费用 允许消费者在最终确认下单之前,检查电子交易明细、纠正错误甚至关闭退出交易;如果电商不遵守这一义务,消费者可以在收到交易中的货物或服务的 14 天内取消交易;根据条款,消费者也有权享受"冷静期",并可以在收到货物的日期后 7 天内无理由退换

（二）金砖各国电子商务法规政策标准的评价与比较

1. 完整性评价：法律规范的全面性和系统性

笔者主要从完整性角度对金砖五国电子商务法律、法规与制度进行比较和评价。完整性主要评价标准包括：电子商务交易各环节是否有法可依，是否存在法律空白和缺位；是否适应电子商务交易主体高度多样化、复杂化的新特点；对电商平台及平台内企业是否有足够的监察力度；是否对平台和企业的设立、运营和退出等问题做好严格把关工作，制定出相应法律规范，充分发挥监管作用，从而带动电子商务健康发展、质量提升。

表 5　金砖国家电子商务法规政策的完整性

	现　状　评　价	比较
中国	中国在电子商务领域立法不曾缺位。从 2004 年起便逐步制定《电子签名法》《电子认证服务密码管理办法》《支付清算组织管理办法》《电子支付指引》《关于网上交易的指导意见》《电子商务模式规范》《网络购物服务规范》《网络商品交易及有关服务行为管理暂行办法》《非金融机构支付服务管理办法》《第三方电子商务交易平台服务规范》等涉及电商行业链各环节的法律规范； 但是上述法律规范零散、具体而片面，应对发展迅猛、交易规模不断扩张、业态持续创新发展的新型电子商务显得捉襟见肘； 统一规范的《电子商务法》尚未出台。2013 年 12 月，全国人大财经委召开电子商务法起草组成立暨第一次全体会议，标志	3.5

续 表

	现状评价	比较
中国	着中国电子商务法立法工作正式启动。会议确定了电子商务立法的初步时间表。从起草组成立至 2014 年 12 月,进行专题调研和课题研究并完成研究报告,形成立法大纲。2015 年 1 月—2016 年 6 月,将开展并完成法律草案起草。经过 3 年密集立法调研和草案起草工作,全国人大财经委立法工作小组在 2016 年 11 月起草了电子商务法草案,并于 2016 年 12 月 25 日在第十二届全国人大常委会第 25 次会议上正式进行第一次审议之后,草案向全社会公开征求意见并修改完善	3.5
俄罗斯	俄罗斯电子商务立法起步较早。从 1999 年起,俄罗斯对互联网发展和应用、电子商务、电子文件、远程通信、电子大众信息手段等领域进行法律规范和调节:《俄罗斯联邦发展和使用因特网国家政策的联邦法》《电子商务法》《电子数字签名法》《电子合同法》《电子文件法》《管理的文件保障法》,以及《俄联邦因特网商务领域主体活动组织的建议》《电子商务组织和法律标准》《提供电子金融服务法》《利用全球互联网实现银行系统的信息化法》《俄联邦域名分配和使用条例》《俄联邦政府关于网络大众信息媒介规则》等; 对电子商务相关法律的修订和更新较为及时。近几年来,俄罗斯已经和将要对相关的法律进行修订,使其符合信息技术和因特网发展的需要;特别是对一些传统法律如在通信、大众信息手段、劳动关系、知识产权等领域的法律进行补充和修订,修改民法典中与《信息、信息化和信息保护法》相冲突的条款	4
印度	电商相关政策和法案解读不够明晰,容易造成企业混乱。电商巨头亚马逊在(印度)2014 年公开宣称,混乱和难以搞清楚条理的法律对公司在该国的经营起到了负面影响,甚至暗示,如果政府不对此作出调整,让公司更加容易地开展自己的商业活动,可能影响亚马逊未来在印度市场上的投资决策; 法律法规相对匮乏,各方之间利益的扯皮常常导致好的政策和法案难以通过,一拖再拖,且通过程序非常复杂	2

续 表

	现 状 评 价	比较
巴西	系统性的电子商务相关立法进展缓慢。现阶段，巴西的电子商务法规几乎都依赖于两部法律——1991 年的 CDC (Comsumer Production Code)和 2013 年的 Decree No. 7962，电商法制研究委员会(Commission of Jurists)提交的 500 多个新的电子商务标提案受到政治体制和立法程序的限制，推进缓慢、步履维艰；① 为了进一步加强电子商务环境下法律对商业规则的解释力，巴西不仅需要颁布有关电子文件、数字签名、认证机关、税务程序方面的法律，还需要对现行民法典规定进行修改	2.5
南非	立法规范对象较为片面。现有的《电子通信和交易法》(Electronic Communications and Transactions Act 2002, ECTA)着重网络犯罪界定和保护隐私，且出台时间较早，难以应对电子商务发展新形态和新趋势； 在诸多领域，如版权和知识产权法保护、数据库安全、隐私保护、商标和域名、反不正当竞争、信息加密保护、新形式的网络犯罪等方面，亟待进行法律补充	2

2. 便利性评价：贸易与投资政策的支持力度

笔者主要从便利性角度对金砖五国电子商务，尤其是跨境电商的产业、投资、贸易、海关、财税等政策进行比较和评价。便利性主要评价标准包括：是否降低国内和跨国电商产业发展的制度和

① 例如，2015 年，巴西司法部宣布启动对修正《网络民法》部分条款的公开讨论，公众可以通过门户网站和社交网站等提出自己的意见，由司法部汇总后上报给总统府。公开讨论原定时间为 1 个月，但是因为反馈意见不多，又延长了 1 个月；且众议员的立法草案只有得到众议院 1/5 以上议员的支持，参议员的立法草案只有得到 1/3 参议员的支持，才可以提交议会讨论。

税收负担;是否放宽电商领域对国内外投资的准入限制;是否使跨境、通关、物流、仓储、支付等各方面的复杂性降低,规模化和集中化程度提高。

表 6 金砖国家电子商务法规政策的便利性

	现　状　评　价	比较
中国	现阶段在海关监管和通关方式改革、检验检疫、税收和结汇支付等方面均已出台具备基本的可操作规范的支持政策; 目前的政策法规都是以部门通知、部门规范的形式发布的,法律位阶较低,同时因为系各部委各自所制定的规范性文件,难免存在内容互相冲突或不一致的情况; 仍然存在一些未能契合跨境电商特征的弊端,尚未结合跨境电商的发展特点和趋势,制定一部统一的跨境电商法及相关实施条例,以促进跨境电商的健康和持续发展	4
俄罗斯	国家政府层面,俄罗斯一直在大力推动电子商务发展。普京政府一直致力于经济改革,提出了旨在加速俄罗斯经济增长和发展“创新型经济”的任务,包括进一步推动市场自由化与市场改革,发展互联网经济、物流与跨境贸易。2015 年 6 月在圣彼得堡经济论坛期间,诸多国际网络巨头云集,探讨如何推动俄罗斯电子商务市场建设,建立包括物流、支付、市场等在内的俄罗斯完整电商生态链。 俄罗斯制定出台了一系列产业发展政策推动本国跨境电子商务发展。 贸易及海关政策方面,对电商领域配套政策严重滞后,成为掣肘其发展的重要因素。具体表现在以下四个方面: • 俄罗斯电商企业在办理出口审批手续时须先行提供与进口商签订的合同、海外仓备货仍需按照传统贸易方式进行等,令企业运营成本和经营风险大增; • 俄罗斯海关对国内消费者的跨境消费金额和数量均有限制。规定俄罗斯买家每人每月只能累计接收价值 1000 欧元以	3

续 表

	现 状 评 价	比较
俄罗斯	内，并且重量在31公斤以内的境外包裹，如果包裹超出了这一金额或重量限制，买家需要承担由此产生的关税； • 俄方物流通关效率较低。俄幅员辽阔，地区之间运距较长，中小城市和偏远地区交通基础设施普遍落后，在配送时长、货运保障等方面与现代物流标准相去甚远。此外，俄海关手续复杂，通关耗时较长； • 贸易政策不利跨境电商合作。面对外国电商企业在俄快速发展，俄有关部门和企业界屡次要求对外国电商企业采取限制措施，如降低跨境电商包裹行邮税起征点、要求储存俄公民个人信息的服务器必须位于俄境内、对不在俄纳税的外国电商企业产品征收关税或消费税等	3
印度	财税政策方面，政府对电子商务施加较重的税收； 贸易政策方面，印度海关对跨境电商产品实施严格的监管； 投资政策方面，尽管对外国电商在本土从事业务以及本土电商公司利用外资的限制在一步步放开，但仍对外商、对自营型电商公司的投资、对B2C业务的投资进行限制； 印度对在线领域内外国直接投资(FDI)管制方式依然十分严格。印度允许全部由外商控股的直接投资进入B2B领域，也允许其在一定“市场模式”下进入商品与服务的线上零售领域，该模式要求企业仅作为买卖双方的线上平台机构，而不允许该企业将自己的商品经过该平台进行售卖	2
巴西	贸易保护政策和高关税是抑制巴西电子商务增长的最大障碍； 跨境通关障碍，特别是长久以来对快递公司和加急货物运输课征重税，①也是制约其跨境电商发展的主要因素；	2

① 巴西对通过联邦快递、联合包裹服务和DHL等全球快递方式抵达巴西的货物申报价值征收平均60%的税收，如果运输由传统方式到达，则不适用税款。该政策被某国际快递集团指责为“歧视快递运输方式同时抢劫高效运输企业”。

续 表

	现 状 评 价	比较
巴西	政府的关键问题是调整甚至改革当前的税收制度以适应电子商务的发展,包括直接和间接税的征收原则、降低企业逃税机会和加强税收管理问题,而非一味着眼于利用海关税收和关税提高大多数消费者购买进口商品成本来保护国内工业	2
南非	ICT 领域投资环境尚未完全开放,存在对内、外资高度限制其投资资质和业务许可,以及自由化管制等方面的限制。这些限制措施制定于 1993 年,目前还没有修改	1.5

3. 安全性评价:交易安全保障与消费者保护的力度

笔者主要从安全性角度对金砖五国电子商务的标准、规则、保障等进行比较和评价。安全性主要评价标准包括:是否对电子商务交易中信息披露有严格的要求和格式;是否保障网络环境下的个人隐私和信息;是否能够有效约束网络平台欺诈和犯罪;是否建立信用评级和信用记录系统等。

表 7 金砖国家电子商务法规政策的安全性

	现 状 评 价	比较
中国	在《电子商务法》出台之前,主要依靠援引外部法律法规(如《网络交易管理办法》《商标法》《企业名称登记管理规定》《反不正当竞争法》《侵权责任法》《合同法》《涉外民事关系法律适用法》等)保护消费者的权益免遭欺诈,保护消费者的个人隐私,保护商品的知识产权免受侵害; 2016 年《电子商务法(草案)》更加注重对电子商务消费者的保护,这在多处章节和条款有所涉及;鼓励消费者维权,建立消费者权益保护的商品或者服务质量担保机制;明确了电子商务第三方平台的责任和义务	3.5

续 表

	现 状 评 价	比较
俄罗斯	网络安全与信用也是较大问题。在跨境电子商务快速发展的同时，网络欺诈与信用危机发生率也在剧增。Planet Retail 的调研资料显示，约 80%的被访者出于对信用及网络安全的担心，不会选择网络购物。在俄罗斯跨境电子商务中，信用缺失、网络欺诈、海关与商检风险、支付漏洞以及知识产权风险等成为网络交易的重大障碍； 虚假网站、假冒伪劣商品、钓鱼网站、网络病毒与黑客、恶意评价及退换货等一直困扰着俄罗斯跨境电子商务发展； 俄罗斯的信用卡欺诈格外突出，虽然近年俄罗斯陆续出台利好政策，鼓励借记卡与信用卡的使用，但是信用卡欺诈率依然不断攀升。FICO 资料显示，俄罗斯信用卡欺诈金额从 2006 年的 1 280 万欧元攀升至 2012 年的 9 000 万欧元，Timeric 在 2013 年的报告也指出，俄罗斯信用卡欺诈率年增长率为 28.2%； 俄罗斯联邦储蓄银行、金融机构及航空公司的支付系统近两年遭受到黑客攻击与网络钓鱼攻击的频率也与日俱增	3
印度	现有的行业标准无法确保网络的开放。在印度，分配给移动通信的总频谱为 288 兆赫(远远低于中国的 630 兆赫)，导致企业，尤其是中小型企业对数字技术的接受度很低，政府与企业、企业与居民之间存在巨大的数字鸿沟； 业已颁布实施一定的电商消费者保护法规，但仅仅限于食品电商领域	2
巴西	网络和在线支付安全问题未能得到有效保障。在包括巴西在内的拉美国家，企业、银行和金融机构甚至政府往往不被公众所信任，这来源于长期的制度腐败和不道德的商业环境； 对于电子商务交易安全性的担忧被认为是巴西电商发展最重要的问题之一。一般来说，拉美消费者不愿意通过电话或网络提供信用卡号码，大多数信用卡交易只能面对面执行，并且几乎总是需要身份签名。对于那些愿意用信用卡在线购买的巴西客	2.5

续 表

	现　状　评　价	比较
巴西	户，绝大多数也面临乃至遭遇过安全链接和自动支付系统软件缺陷的风险； 许多巴西电商企业都有人监控网站进行交易，如果只收到信用卡号码的采购订单，公司现场的工作人员将手动将信用卡号码输入信用卡终端进行授权； 信用卡诈骗依然普遍存在。“由于担心支付安全，新用户中有 43.6%的用户不会在线购买商品。”	2.5
南非	在 ECTA 法案中强调对于消费者保护的章节； 在版权与知识产权保护、数据库安全、隐私保护、商标和域名、反不正当竞争、信息加密保护等方面，仍存在大量的法律与标准空白	2

（三）金砖国家跨境电商统一规则标准的建立

1. 金砖国家跨境电商规则标准制定的意义

跨境电商在全球发展已经 20 多年，而金砖各国发展程度、发展重点、利益诉求均有所不同，目前跨境电商还没有形成统一的国际规则，甚至连跨境电商的概念界定都没有明确的说法，只有世贸组织和个别区域自由贸易协定以及多边国际协定中有关于跨境电商规则的一些议题和条款。如果没有统一的跨境电商多边规则，其发展必将受到一定限制，各国从事跨境电商的企业利益也难以得到有效保障。

对跨境电子商务国际规则的讨论从20世纪90年代就已经开始,早在1996年WTO第一届部长级会议就将电子商务纳入多边贸易体制《关于信息技术产品贸易的部长宣言》,核心是信息技术产品的关税减让。1998年第二届部长级会议通过了《全球电子商务宣言》,电子商务成为正式议题,并被定义为通过电子方式的生产、分销、市场营销、销售和服务的交易。2001—2003年WTO总理事会主持召开了5次关于电子商务的专题研讨会,重点包括:特定电子传输的内容分类、进口税收征收、竞争、司法管辖、法律适用等。WTO服务贸易委员会关于跨境电子商务的讨论包括:电子商务范围、电子商务最惠国待遇和透明度、国内法规和承认、竞争和隐私权保护、提供方式的市场准入、国民待遇及关税和分类;货物贸易委员会的讨论包括:与电子商务相关的商品市场准入、海关估价条款的适用性、进口许可证程序、关税和其他税、与电商相关的标准和原产地规则;知识产权委员会的讨论包括电子商务的著作权保护、商标保护、新技术运用等;贸易与发展委员会的讨论包括电子商务对发展中国家和中小企业的影响等。但这些议题仅处于讨论阶段,并未形成国际规则。

从多边的角度来看,目前金砖国家部分成员都意识到电子商务的巨大潜力,都具有尽早制定规范电子商务国际规则的意识和需要,许多多双边机制、协定已将电子商务作为重要的议题,电子商务规则正在成为WTO谈判和各个自贸区谈判的新热点。截至2016年3月,向WTO通报的269个区域贸易安排中有65个协定包括电子商务条款;包括巴西在内的不少国家都向WTO提出了关于电子商务规则方面的提案;在中国近两年签署的双边自由贸易协定已开始将跨境电子商务的相关条款纳入。因而,跨境电商国际规则已在酝酿中,若有强有力的大国引领和推动,跨境电商国际规则制定俨然可期。

2. 金砖国家跨境电商规则标准制定的难点

近年来,中国跨境电子商务迅速发展,已成为位居美国、欧盟之后的全球第三大跨境网购目的国,跨境电子商务也成为引领中国贸易强国建设的新引擎。目前中国通过跨境电商综试区等"先行先试",已就跨境电商初步创建了一套运营良好的监管服务体系,其经验可为金砖四国参考。但从现实条件来看,金砖国家建立跨境电子商务的统一规则标准还存在三大难点:

一是跨境电商的定义不明确。跨境电商虽然也发展了 20 多年,但真正大规模爆发也就是近两年,相关机构对电子商务仅定了基本的概念。联合国国际贸易程序简化工作组对电子商务作了明确定义:采用电子形式开展商务活动,包括在供应商、客户、政府及其他参与方之间通过任何电子工具共享非结构化商务信息,并管理和完成在商务活动、管理活动和消费活动中的各种交易;美国政府在其《全球电子商务纲要》中也指出:电子商务是通过互联网进行的各项商务活动,包括广告、支付、交易服务等。但美国对跨境电子商务的认知主要指"数字贸易";中国在内的发展中国家除了关注数字产品,也关注通过电子商务进行的实物贸易,包括与实物贸易相关的税收、支付、物流、贸易便利化和"单一窗口"数字口岸等。截至目前，各国对跨境电子商务还没有形成统一的概念和定义，这就使得国际规则制定中往往难以把握全局性的共同规则。

二是各国利益诉求不相同。不同国家之间在电子商务国际规则方面诉求重点是不一样的。例如，2016 年 7 月初，美国向世贸组织提交了一份提案，明确表达了美国方面的诉求，共 16 个方面，包括取消数码产品关税，非歧视原则、跨境数据流动、互联网免费开放、避免设施本地化、禁止强制技术转让、保护重要源代码、改进创新的认证方法、产品加密、数字贸易框架、标准制定、数字贸易海关便利化、合格评定程序等。中国目前还没有明确的中国方案，但从企业的诉求来看，重点在各国税收限制、各国的物流通关效率、身份认定与认证、权益保护、国际支付、知识产权、纠纷处理等方面。而金砖其他国家也必定有各自关注聚焦的方向，利益目标冲突在所难免。

三是金砖国家国内法律规制尚不健全。电子商务不同于传统商务，它从根本上颠覆了传统商务中时间、空间和价格方面的旧规则。中国跨境电子商务从理念上来说，是对传统对外贸易规则的根本变革，需要完备的法律制度保障市场主体的权益、消费者的权益以及企业创新的权益。目前即使在中国，经济贸易领域的法律法规中也缺乏与电子商务相关的条款，现行的法律无法规制可能出现的交易纠纷、假冒伪劣、不正当竞争等诸多问题。比如通关方面，跨境电子商务的许多交易是小额交易，但是中国对于小额交易通关还没有相关的监管规定，网上交易普遍缺乏合同文本、购物凭证或服务单据，这很易引发纠纷问题；对消费者保护方面，规定不清晰,有时与发达国家的规定不能接轨,引发消费者的不信任;此外,跨境电子商务所衍生的许多问题,如通关、商检、退税、结汇、消费者权益、交易纠纷、知识产权和个人信息保护等方面的新问题都需要法律法规予以保障。此外,跨境电子商务的信用体系、税收体系、监管体系、支付体系等都有待建立与完善。

3. 建立金砖国家跨境电商规则标准的政策建议

跨境电子商务属于新的商业模式和战略性新兴产业,现阶段中国电子商务发展不仅显著领先于其他金砖四国,更有可能成为最有机会超越欧美国家的战略性产业。具体方向上,应该依托WTO谈判平台,准确把握欧美、中国、俄罗斯、巴西这五大经济体在未来跨境电商国际规则之制定中所扮演的重要地位,通过突破传统的理念,努力形成一个对跨境电商来说相对短期的国际规则。

(1) 明确跨境电商国际规则制定的理念

2000年,OECD为电子商务规则制定提出了四个目标:效率、明确具体、公平有效、弹性。金砖国家也可以把协调、开放、绿色、共享等理念作为宗旨,把推动普惠贸易等作为目标,并提出一些基本原则,比如技术中立、透明度等。对于跨境电商国际规则制定,兼顾各方利益是不太可能的,因为国家间发展基础相差很大,应在不损害国际利益和经济安全的前提下,倡导适当的利益让渡。

(2) 建立跨境电子商务规则多边谈判机制

多边谈判的原则可以从"最大公分母"角度综合提炼TISA、美国提交给WTO的电子商务/数字贸易非正式立场声明、中国签署的FTA中电子商务内容，包括：

① 遵从WTO非歧视待遇基本原则；

② 数据跨境流动自由与限制合理平衡；

③ 助力小微企业及自然人从事跨境电子商务；

④ 协调电子认证和电子签名法规；

⑤ 确保跨境电子商务中消费者权益保护；

⑥ 提供跨境电子商务活动中的知识产权保护；

⑦ 建立便捷的跨境电子商务争议解决机制；

⑧ 保护跨境电子商务交易的个人隐私；

⑨ 跨境电子商务中电子传输免征关税；

⑩ 建立便利跨境电子商务的国际协调机制。

多边谈判的内容按照跨境电子商务法交易模式可以分为三个层级——线上、线下、O2O。线上：主要包括数据流动、数字、技术、合同、信息共享、票据、标准等；线下：主要包括通关、质检、运输、海外仓储、相关服务等；线上线下：主要包括注册、认证、监管、关税、支付、结算、结汇、金融、税收、贷款、担保、信用体系、知识产权、市场准入、网络安全、风险防控、交易纠纷处理、权益保护等。目前世贸谈判还是以传统的服务贸易分类来界定服务贸易谈判内容，但从电子商务角度来看，许多现代服务，比如互联网接入、物流等并不属于传统分类，中国可以提议扩大服务分类或将电子商务相关服务纳入。

多边谈判的内容按照涉及领域可以包括：

① 跨境电子商务的概念。应明确跨境电商涉及的客体应包

括实体商品、数字产品与服务,一揽子解决跨境电商的框架问题;

② 跨境电子商务的相关法律框架。跨境电商与 GATS 服务贸易的跨境交付/境外消费的适用法律问题,消费者权益与个人隐私权,数据存储与利用、在线争议解决、退换货处理等;

③ 构建跨境电子商务的政府监管框架。如各国海关对于跨境 B2C 商品属性、物品和货物的认定、检验检疫方面的互认、单一窗口平台建设与互通、跨境电商领域的投资准入等;

④ 跨境电子商务的相关标准框架。如跨境电子商务贸易单证标准、数据传输标准、安全保障标准等。

(3) 消除金砖国家之间的关税和非关税壁垒

促进跨境电商发展,应努力实现通关全程电子化、物流国际化、信息交流无障碍化、信用体系透明化,努力消除各种贸易投资的关税、政策、技术和信息壁垒,共同推进通关便利化,扩大本币结算范围。

一是消除跨境电商政策壁垒,提升贸易能力。每个国家对外汇管制、商品定义、商品检验不一样,政策风险很高;国与国之间可能是经济问题,也有可能是政治问题,可变因素很多。尤其是由于出口跨境电商作为新型网购模式,直接面对消费者,绕过了关税征收和中间环节,对各国传统外贸造成较大冲击,于是,一些国家通过提高征税门槛和设置投递障碍,来保护税收和传统贸易。例如,2014 年巴西对超过 50 美元的入境邮寄品征收 60%的关税;巴西海关几乎对每票包裹都要查验,并要求提供商业发票、收件人税号、货物价值声明等资料,有时就算提供全部资料也可能被认为是作假。此外,某些目的国海关没有 IT 系统支持,仅仅依靠人力清关,效率很低,从而也延长了整个物流配送时间;有些国家邮政对国际小包不再提供进口扫描服务,包裹入境后无法追踪查询;有些国家对网购产品由海关统一“代为签收”,不再寄送到客户地址等。金砖贸易各国需共同商定低关税机制,建立便利的通关体系、支付体系和物流体系。

二是破除数据壁垒。金砖国家之间海关数据互联互通困难,跨境电商存在单笔交易量小、交易频繁、时效性强等特点。以中国为例,中国通过海关创新监管措施,国内跨境电商货物的清关问题已基本解决,但与其他国家在清关方式、申报要素等方面差别巨大,无法实现互联互通,且部分国家对跨境电商的清关政策变动频繁,对企业的正常经营造成较大影响。因此建议金砖国家相关政府部门可通过成立类似 WCO(世界海关组织)的机制,协调各国海关,建立通关数据对接互换机制,降低跨境电商企业通关的成本,力争实现“通过一次申报,即可完成出境报关和目的国入境清关”的通关流程。

三是对中小企业建设海外保税仓形成统一的政策支持机制。在短期,规避跨境电商技术性壁垒最直接的方式是企业布局海外保税仓,将以前主要作为验货场地的海外仓变为直接发货的场地;甚至可以更进一步组建当地团队、设立当地子公司、在当地投融资等。但随之而来的问题是需要细致的政策支持机制和方案。因此,金砖各国可建立跨境电商协会,统一跨境电商的组织协调,形成合力,推动规则、标准的制定;跨境电商企业也可以自发组织一些民间的国际跨境电商企业协会,以此来组织跨境电商企业,协调和应对企业发展过程中可能遇到的一些问题,实现政府管理和企业组织的结合。

四是促进跨境电商信息交流,消除信息壁垒。实现传统国际贸易商务流程的电子化、数字化和网络化,实现智能化多语言自动切换,不同国家的买卖双方信息能即时沟通,还可以实时清结、订货、付款。消除信息壁垒可以减少沟通成本,减少中间贸易环节,增加信息流动;实时完成不同币种的自动结算;降低外贸门槛,推动中小企业进入国际市场。

五是金砖国家联合共同应对发达国家的技术性贸易壁垒。金砖发展中国家与发达国家的差距在于:技术实力与发达国家差距较大;技术贸易措施的相关法律法规与标准体系不完善;信息情报工作存在不足。因此,需要改变各国政府各自为政的局面,联合起来,建立主动有效的预警监测机制,系统连续地跟踪、收集最新的发达国家技术性贸易壁垒动态,及时发布预警信息并反馈给企业。

(4)健全国际合作与纷争解决体系

跨境电子商务是国际贸易的新渠道和新模式,仍要遵循国际贸易的国际规则,因而可以借鉴参考美国、欧盟、新加坡、韩国、澳大利亚等30多个国家和地区已制定的电子商务相关法律、标准和政策,以及联合国国际贸易法律委员会建立的相关支撑保障法规。建立区域信息安全保护机制、货币结算清算合作机制等;加强双边、多边的跨境电子商务区域合作、国家间合作、部门合作、企业合作;制定纠纷解决机制。

(5) 增强国家间跨境电商规则的交流与沟通

随着中国跨境电子商务在国际上的地位越来越突出，中国已经在跨国电子认证、在线交易、跨境支付、跨境物流、通关、商检等方面形成了一定的标准规范体系，可供金砖国家借鉴。此外，中国拥有较为完善的跨境电商平台，能够为中小企业提供综合服务体系，包括传统贸易的清关、支付、结算、物流运输等，还有基于大数据创新而来的其他增值业务，包括贷款、信用体系、担保等。未来可吸引更多金砖国家的企业加入中国电商平台从事业务，加强协商、互相磨合，逐渐形成受各方认可的"游戏规则"。

最后，可由政府主动引领，由国家推动，建立金砖五国间电子签名、电子身份等国际相互承认；建立统一标准化的跨境电商零售商品海关税收征管体系和"单一窗口"数字口岸；促进个人数据保护，跨境数据流动，计算设施非本地化，等等。

(6) 吸纳来自市场主体的推动作用

在 2016 年 G20 中登上世界经济舞台的 eWTP(世界电子贸易平台，Electronic World Trade Platform)是一个由企业(阿里巴巴)主导，各利益攸关方(包括政府机构、各种企业、国际组织、智库、专家学者、各种社群等)广泛参与，中小微企业、普通消费者、政府等主体公私对话的平台，具体措施包括孵化跨境电子商务新的行业标准和规则，完善基础设施，分享跨境电子商务试验区等经验，目标是促进全球跨境电子商务和数字经济的发展，解决中小企业，尤其是发展中国家中小企业所面临的问题。

2017 年 3 月 22 日，eWTP 的中国境外首个数字枢纽(e-hub)

在马来西亚宣布落地，该枢纽将承担4层探索：第一，物流探索，为该国中小企业跨境贸易提供物流、仓储、通关、贸易、金融等一系列服务；第二，规则探索，探索跨境电子商务贸易新规则，提供“一站式”外贸综合服务，帮助中小企业更方便、高效地进行国际贸易；第三，金融探索，蚂蚁金服将围绕这一系列进出口提供支付和普惠金融服务，促进B2B贸易；第四，生态探索，还要利用阿里云和大数据技术，支持该国培育本土创业公司，培育和储备数字经济人才等。

2017年5月，马来西亚数字经济发展局(MDEC)、杭州市政府和阿里巴巴三方正式签署合作协议，eWTP全球两大“数字中枢”——马来西亚数字自由贸易区和杭州跨境电子商务综合试验区正式开启互联互通。杭州——马来西亚，这条自古以来连接中国和世界的贸易航线，即将成为eWTP在全球开通的第一条“数字之路”。杭州和马来西亚两大eWTP站点正式互联互通之后，借助阿里巴巴的互联网技术和大数据力量，马来西亚政府与杭州市将加强海关通关、检验、许可等方面合作，探索贸易便利化和政策创新，为中、马两国中小企业参与全球贸易创造更多便利。

(7) 搭建“金砖国家标准与技术法规信息交互平台”

依托“标准与技术法规信息交互平台”，金砖国家政府与企业可在认证认可、标准计量等方面开展多、双边合作交流：

一是对金砖各国标准化法律法规、标准战略、体制机制和标准系统等内容进行研究，为金砖国家参与统一标准化活动提供理论支撑。

二是为跨境电子商务企业提供各国的法规、标准、认证、检验检测、市场准入等技术信息服务。

未来还可对该平台的服务功能进行扩展，包括：开展金砖国家贸易便利化、互认机制、标准化体系及溯源机制的研究和应用；开展金砖国家质量安全风险监测，形成第三方质量安全评估报告；开展金砖国家质量安全指数研究；建设第三方企业质量安全、信用等级评级中心，通过信息互换，对金砖国家的贸易企业进行评级，实施合格贸易商计划；研究推进在金砖国家设立技术贸易措施民间联络点，开展口岸措施、通关程序、技术法规、产品标准、优惠原产地规则等领域的国内、国际交流与合作，研究探索对接、互认途径，为标准、检验检测、认证认可薄弱国家通过民间渠道提供咨询服务，服务国家地区产业合作；建立健全国家投资项目库、资金库、信息库，引入更多服务机构，提升跨境服务能力，打造境外投资服务平台等。

六、进一步加强金砖国家电子商务合作

（一）加强金砖国家电子商务合作的战略框架

金砖国家电子商务合作是金砖国家经济和电子商务快速发展的内在和客观要求。金砖国家电子商务合作有两个维度：一是面向各成员国，在各自发展电子商务方面的合作；二是面向国际，金砖国家跨境电子商务方面的合作（如图1所示）。不仅包括促进金砖国家内部和金砖国家之间开展电子商务的合作，而且包括促进和帮助金砖国家电子商务走向世界的合作。建立共同的利益机制是金砖国家电子商务合作的核心和基础。

近年来，金砖国家已经形成以领导人会晤为引领、以各相关部门和领域的高层会议等为辅助的多领域、多层次合作机制。在金砖国家经济伙伴战略合作机制下，为全面做好致力于电子商务的准备，成员国需要尽快建立电子商务合作机制，加强能力建设方面的合作，包括基础设施、技术、技能和专业人才培训，促进电子商务联盟的建设，促进中小企业电子商务准入等机制建设。通过开展直接让人民受益的务实合作，促进经济增长和就业。

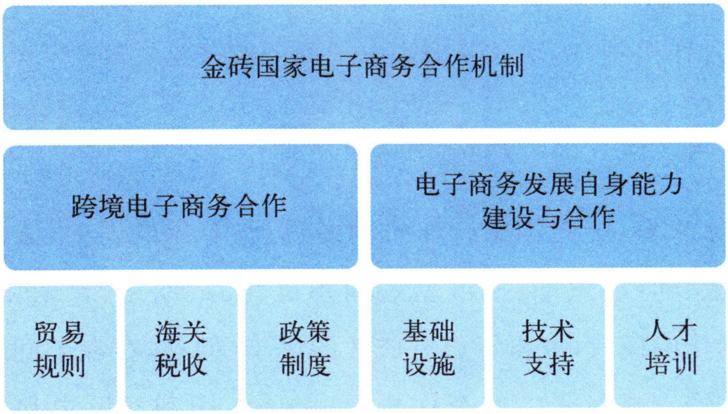

数据来源：SASS。

图 1　金砖国家电子商务合作战略框架

（二）不断完善金砖国家电子商务发展的合作机制

秉持开放、团结、包容、合作精神，以促进金砖国家在电子商务领域的务实合作，促进电子商务发展，促进电子商务助推中小企业发展，促进金砖国家经济和就业增长为宗旨，不断深化、完善金砖国家电子商务发展的合作机制。

金砖国家利用各成员国在资源禀赋、产业结构上的互补优势，广泛拓展合作领域，形成了多领域、多层次、全方位合作格局。如今，金砖国家已经建立了60多项合作机制。电子商务领域的合作框架已经初步形成。为推动关键领域的深入合作，金砖各国政府的执行力和推动力是关键，需要不断完善促进金砖国家电子商务发展的合作机制，实现金砖国家电子商务的共赢发展。

1. 强化电子商务合作共识与愿景

整体来看，金砖国家合作机制经过近10年的发展，逐渐从较早的零散、随机、短期、松散型迈向系统化、定期化、长期化、稳定化、机制化的模式，取得了卓有成效的进步，但是，存在的问题也不容忽视，特别是对于一些合作专题，金砖各国利益诉求和想法各异，合作推进受到一定程度的影响。要真正推进电子商务的合作取得实质性进展，为金砖国家的中小企业和经济发展作出贡献，金砖国家成员需要强化电子商务合作共识，电子商务的发展不仅是电子商务企业本身的发展，而且直接关系着中小企业的发展，电子商务领域作为金砖国家合作的关键领域和关键举措具有巨大的带动效应，因此，金砖国家各成员国应重视电子商务的战略定位和作用，尽可能消除差异，致力于促进电子商务的共赢、健康、快速发展。

推动金砖国家在已有合作框架下有利于电子商务合作与发展的战略规划。政府所做的战略规划直接影响了电子商务发展所能够达到的能级和水平。作为金砖国家经济伙伴合作的关键领域，电子商务应在各国规划中得到重视并置于重要位置。为推动合作的深入开展，各国政府应坚持包容和共赢的宗旨。

2. 加强电子商务专题推进的执行力

一个合作机制能否发挥成效的重要因素之一就是执行力。金砖国家电子商务合作需要克服以往合作进程中的问题和不足，建立一个合作各方认可、平等互利、权责清晰、相互约束、稳定可预期的规则制度框架，以平衡各方权利责任以及动力，保证合作效果。

第一，合作各方需要制定关于深化合作战略性投入的制度规定，包括人员、资金、设施、合作倡议及制度设计的投入及运行。

第二，建构起清晰的短期和中长期合作目标与利益分享规则，以及合作履行保障、考评、监督、奖惩、争端仲裁机制，避免成员国对达成的合作宣言及协议的执行因缺乏严格的评价和问责而影响合作效率。

第三，充分发挥各国政府的战略引导和制度保障作用，确保金砖国家电子商务合作稳定有序进行。

第四，充分利用和发挥国际组织的作用，协调助推金砖国家电子商务合作。近几年来，金砖国家与联合国、二十国集团(G20)、世界贸易组织(WTO)、国际货币基金组织(IMF)、世界银行(WB)等许多重要国际组织就一系列全球治理等重大问题协调立场、共同发声，取得了良好的效果，例如，联合国工业发展组织、WTO、世界银行等国际组织已经就电子商务专题开展和正在开展系列活动和项目推动(如表 1 所示)。推动金砖国家的电子商务合作,需要继续充分发挥国际组织的作用,通过电子商务发展,加强金砖国家间中小企业合作,加速实现 2030 年可持续发展议程全球目标。

此外,正如金砖国家领导人第八次会晤果阿宣言指出的那样,"金砖国家各领域合作机制、经贸联络组、工商理事会、新开发银行以及银行间合作机制的紧密合作",[①]对加强金砖国家经贸伙伴关系也非常重要。

表 1　2015 年以来国际组织已经举办的金砖国家电子商务合作相关主题活动

时　间	地 点	主　　　题	组　织　者
2015.4	莫斯科	金砖国家电子商务专家会	BRICS trademins
2016.10	上　海	"金砖国家电子商务合作与促进中小企业发展"研讨会	UNIDO
2016.9	上　海	通过电子商务发展提高中国与其他金砖国家(俄罗斯、巴西、印度、南非)中小企业发展与合作项目	UNIDO
2016.10	印　度	2nd BRICS Round Table on MSMEs	BRICS
2017.5	上　海	金砖国家中小企业电子商务合作专家组会议	UNIDO、SASS
2017.4	日内瓦	Towards inclusive e-commerce	UNCTAD
2017.5	北　京	Experts dialogue on BRICS E-commerce cooperation	BRICS trade mins

资料来源:Collected and edited by SASS, it is open to be added。

① 金砖国家领导人第八次会晤果阿宣言,印度果阿,2016 年 10 月 16 日,http://news.xinhuanet.com/2016-10/17/c_1119727552.htm。

（三）加强金砖国家电子商务合作发展的能力建设

1. 基础设施建设方面的合作

电子商务基础设施供给的水平和能级是电子商务发展的基础和支撑。电子商务基础设施体系不仅包括电子商务自身发展需要的内部基础设施，如互联网、电子支付、物流及配送等，而且包括电子商务发展所需要的外部基础设施，如稳定的电力供应、良好的通信设施和服务以及便捷高效的交通运输网络系统等等，如图 2 所示。综合来看，加强电子商务发展的基础设施能力建设，重点在以下几个方面：

第一，ICT 基础设施能力建设。金砖国家电子商务发展虽然具有较大的国别差异，但是，ICT 基础设施能力建设是各成员国都

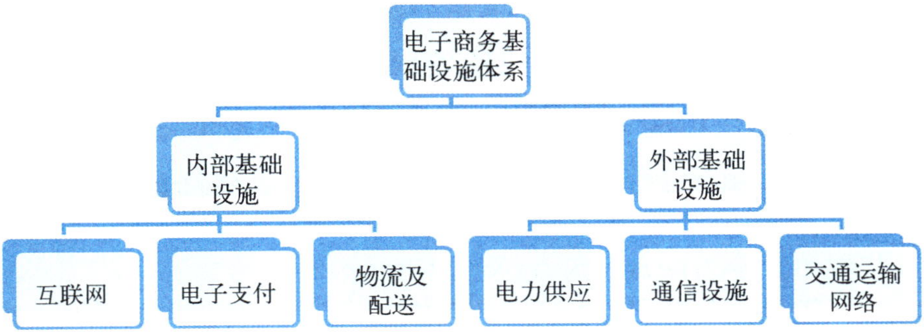

Sources：SASS.

图 2　电子商务基础设施体系构成

需要解决或者提高的共性问题之一。随着信息经济的加速普及和快速发展,ICT 基础设施的能力建设尤为重要。[①] 例如巴西、南非,ICT 基础设施供给严重不足,急需加强;在印度,中小企业贡献了印度 37%的 GDP,但是,有 68%的企业没有使用互联网,没有自己的网页,[②]互联网基础设施建设能力急需提高。推动金砖国家通信网络企业的市场合作,特别是在 3G、4G、5G 通信网络、电信宽带网络建设方面,在数据库建设和大数据平台共享方面,金砖国家可充分发挥比较优势,支持企业合作开展跨境、区域、次区域信息通信基础设施建设,积极探索跨境海陆缆建设和运营合作的新模式开展深度合作,促进电子商务的合作与发展。

第二,加强物流和配送基础设施供给能力建设。物流基础设施水平和配送能力是全球电子商务发展面临的普遍性难题之一,在一定程度上,物流基础设施水平和配送能力直接影响和决定了电子商务的发展水平和能级。如当前全球排名前列的电商公司亚马逊、京东等,良好的物流网络和配送能力是其成功的重要因素之一;阿里巴巴近几年也在加紧自建物流系统——菜鸟物流。金砖国家电子商务的快速发展需要重视并加强物流和配送基础设施供给能力,并积极开展物流企业之间的合作,特别是发达地区和发展中地区物流企业和配送系统的能力共享与

---

① UNCTAD, *INFORMATION ECONOMY REPORT* 2015.

② Cheang Ming: *Google wants to get more Indian businesses online*Google (India and South-East Asia), http://www.cnbc.com/2017/01/09/google-wants-to-get-more-indian-businesses-online.html, Google and KPMG joint research, *Impact of internet and digitisation on SMBs in India*, 9 Jan 2017.

合作，例如物流仓储分拨中心的共建共用，实现互惠互利、共赢发展。

第三，加强交通运输能力建设。物流和配送能力决定于当地的交通运输基础设施水平，因此，加强交通运输能力建设，提高本国家和地区交通基础设施水平，提高交通可达性、便捷性、时效性，是一个国家和地区经济快速发展的基础条件之一。金砖国家不仅需要加大本国基础设施水平和能力的提升，同时也需要加强在跨境交通互联互通方面的合作，例如金砖国家之间的交通基础设施的互联互通，目前已经开始关于建立金砖国家铁路研究网络的讨论，"该网络旨在促进铁路研究和发展，以提高成本效益和可持续的方式促进经济增长"。①

2. 电子商务发展技术支持方面的合作

世界经济论坛的研究发现：国家不能仅仅依靠发展信息化基础设施来提升竞争力，只有当一国为保障技术、创新和企业发展而实施了全面的现代化基建战略时，信息通信技术的优势才会得到充分释放。② 因此，电子商务发展相关技术的创新与合作非常重要。金砖国家合作框架下已经在开展科技创新合作，并且已经建立了包括金砖国家部长级会议、高官会议、工作组会议三个层次的工作机制。2016 年，金砖五国成立了科技创新资金资助方工作组，

① 金砖国家领导人第八次会晤果阿宣言，印度果阿，2016 年 10 月 16 日，http://news.xinhuanet.com/2016－10/17/c_1119727552.htm。

② World Economic Forum：GlobalInformationTechnology Report2014，http://reports.weforum.org/global-information-technology-report-2014/#.

签署了《金砖国家科技创新框架计划》及《实施方案》。目前，金砖国家已经开展了自然灾害管理、水资源和污染治理、地理空间技术及其应用、新能源、可再生能源及能效、天文学、生物技术与生物医药(包括人类健康与神经科学)、信息技术与高性能计算、海洋与极地科学技术、材料科学、光电学等10个领域科技创新的专题合作(如表2所示)。在此基础上，应增加并加强金砖国家在电子商务发展技术支持方面的合作，提升金砖国家电子商务技术支持能力和服务水平。

表2 金砖国家科技创新合作支持专题一览

No.	专题领域	巴西	俄罗斯			印度	中国		南非	
		CNPq	FASIE	MON	RFBR	DST	MOST	NSFC	DST	NRF
1	自然灾害管理	▲	▲	▲	▲	▲	▲			▲
2	水资源和污染治理	▲	▲	▲	▲	▲		▲		▲
3	地理空间技术及其应用	▲	▲	▲	▲	▲	▲			▲
4	新能源、可再生能源及能效	▲	▲	▲	▲	▲	▲			▲
5	天文学		▲	▲	▲	▲		▲		▲
6	生物技术与生物医药，包括人类健康与神经科学	▲	▲	▲	▲	▲		▲		▲
7	信息技术与高性能计算	▲	▲	▲	▲	▲	▲			▲

续 表

No.	专题领域	巴西	俄罗斯			印度	中国		南非	
		CNPq	FASIE	MON	RFBR	DST	MOST	NSFC	DST	NRF
8	海洋与极地科学技术	▲	▲	▲	▲	▲		▲		▲
9	材料科学，包括纳米技术		▲	▲	▲	▲		▲		▲
10	光电学		▲	▲	▲	▲	▲			▲

资料来源：转引自中华人民共和国科技部国际合作司，2016 年 5 月，http://www.most.gov.cn/tztg/201605/t20160527_125839.htm。

电子商务技术支持方面的合作需要重点关注以下五个方面：

第一，加强金砖国家 ICT 技术合作与创新。信息通信技术的广泛应用是实现可持续发展、维护国际和平与安全、保障人权的关键推动力。[①] 金砖国家各成员国在公认的包括《联合国宪章》在内的国际法原则[②]的基础上，通过跨国和地区合作，使用和开发信息通信技术。加强在 ICT 技术的安全使用、打击利用信息通信技术从事犯罪和恐怖活动，研发与创新以及 ICT 高科技公司及研发机构能力建设上的合作，努力采取多维度、包容性措施，坚定致力于消除发达国家和发展中国家之间的数字和技术鸿沟。推动金砖国家在信息通信技术合作工作组框架下发展和加强有关合作，充分发挥各自优势，共同努力以实现世界软件和信息技术设备市场的

① 金砖国家领导人第八次会晤果阿宣言，印度果阿，2016 年 10 月 16 日，http://news.xinhuanet.com/2016－10/17/c_1119727552.htm。

② 这些原则包括政治独立、领土完整、国家主权平等、以和平手段解决争端、不干涉别国内政、尊重人权、基本自由和隐私等。

多样化。提高金砖国家中小企业的网络接入能力，也提高金砖国家中小企业和电子商务企业链接世界的能力，提高接入质量，这都是金砖国家ICT技术合作的重要目标。

第二，推动物联网(IoT)技术和人工智能在物流和配送过程中的技术创新与合作。电子商务的能级提升需要物流和配送系统的技术创新，IoT技术和人工智能正在改变传统的物流和配送模式。金砖国家一些较大的电商企业已经开始了IoT技术和人工智能技术的研发和应用，特别是在产品可追溯定位技术、冷链物流技术、货物识别技术等方面。例如中国的物流企业顺丰公司，已经大面积使用智慧分拣，在中国自贸区的产品进出口中，已经大范围使用智慧物流，产品从出库、运输到出关送达，都可以通过感应芯片实时定位跟踪，最大的电子商务平台之一京东，已经使用无人机在偏远地区进行物流配送。①

第三，加强成员国内部和金砖国家之间电子商务物流信息平台数据交换，进行技术合作与创新。作为流量经济的典型代表，电子商务的发展尤其需要信息共享和支持，同时也为诸多中小企业的发展提供更多的信息服务便利，有利于促进中小企业的成长和发展。

第四，移动支付技术的合作与创新。目前，金砖国家已经建立了企业间的投资和技术支持、合作与创新。例如，阿里巴巴投资持股的印度Paytm公司，通过电子钱包的技术创新，从电子钱包中产

① 京东总部调研资料。

生电商业务，并筹建网络银行，已经发展成为目前印度最大的移动支付和电子商务平台。Paytm 的用户数已快速增至 2 亿，街头流动摊贩也使用 Paytm 收款。平台上目前有 6 800 万商品，涉及 14 万商家。技术的合作与创新正在让 PaytmMall 构建一个包含电商、支付、物流的生态。[①] 金砖国家中中国的移动支付技术和移动支付应用比较成熟，但是金砖国家各成员国在移动支付技术创新及应用方面具有较大的合作潜力和市场价值。

第五，加强中小企业使用互联网的技术合作。特别是企业的接入互联网技术方面，如终端 APP 技术。APP 作为一种有效的营销工具，已成为企业在移动终端的竞争平台。目前不同操作系统的链接入口增加了中小企业进入互联网的复杂性和进入成本，急需有终端 APP 技术创新。同时，顺应移动电子商务与社交媒体融合的趋势，终端 APP 与社交媒体的对接技术与合作也直接影响着中小企业链接互联网和进入全球经济的能力。

3. 电子商务技能和专业人才培训合作

金砖国家电子商务发展都需要大量的专业技能人才，在金砖国家电子商务快速发展趋势下，各成员国需要加强推进多层次、多元化的技能专业人才培训与合作，包括：工程师人才培训、交流与合作，技能人才的培训、交流与合作，以及普通劳务的培训与合作等。

---

① 根据 paytm 公司网站数据资料整理，https://paytm.com/。

在金砖国家现有合作框架下，设法为成员国人员交流和往来创造更多便利条件（特别是电子商务技能人才和专业人才），加大电子商务人才交流；充分发挥国际组织的作用，联合开展电子商务高级人才培训与交流，通过开展电子商务趋势研究、前沿技术研究以及共同面临的问题等专题方面的合作研究，加强电子商务研究人才的交流与合作，加强金砖国家行业协会的交流与合作，促进电子商务的快速发展。

（四）加强金砖国家跨境电子商务合作

为适应金砖国家之间跨境电子商务快速发展的态势，需要加强金砖国家之间的电子商务合作，同时也要加强金砖国家电子商务走向世界进程中的合作。

在金砖国家经贸合作倡议不断落实和推进过程中，加强跨境电子商务在跨境贸易流程（如图 3 所示）中关键环节的合作，包括在“单一窗口”、知识产权、贸易促进、中小微企业等方面的合作，特别是在电子商务技术趋势、标准制定、贸易规则、关税、技能培训、立法以及政策框架等方面的合作。[①]

要提高跨境电商在目标国家和地区的渗透率，必须加强与本土电商企业和平台的合作，特别是在跨境支付、物流、通关、售后等

---

① International Trade Centre（ITC），Bringing SMEs onto the e-Commerce Highway，Geneva：ITC，2016.

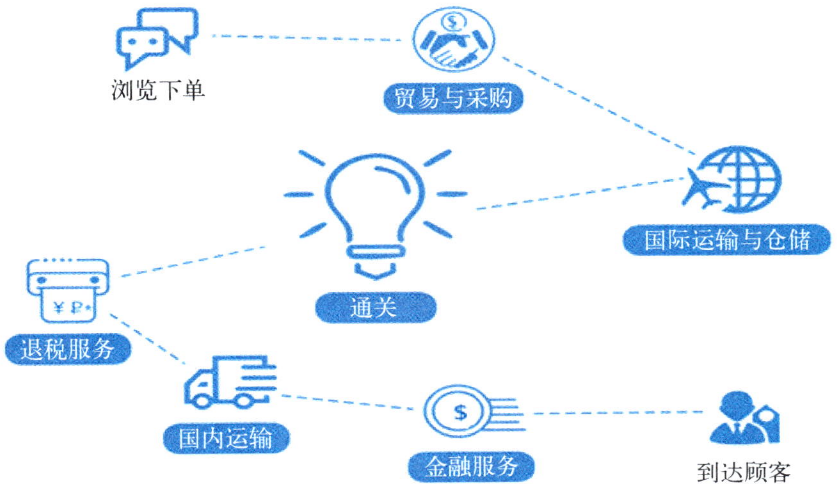

图 3　跨境电子商务贸易流程

各个环节，全球化与本地化良好的融合才可能不断提升消费者的购物体验，从而更好地推动跨境电子商务的快速发展。

1. 着力加强金砖国家的优势产品跨境贸易

金砖国家经济发展个性鲜明，各具优势。中国在制造业和基础设施建设方面具有丰富的经验。印度在计算机应用软件等信息技术方面具有优势，并且拥有全球较为廉价且丰富的劳动力。南美大国巴西自然资源尤为丰沛，矿物储量位居世界前列，其农业发展较为发达。南非矿产资源同样丰沛，是世界上最大的铂、铬、钒和锰生产国，第三大黄金开采国。从优势产品入手推动金砖国家跨境电子商务的发展，既有良好的基础也有巨大的市场价值。

2. 促进跨境电商发展管制和贸易规则的简单化

简单的规则意味着更大的包容，进而极大降低电子商务的成本。跨境电子商务的发展需要加强提升贸易便利化水平。尽快建立金砖国家跨境电子商务贸易准则或标准，加强立法和政策监管，确保电子商务活动的合法有序、健康运行，包括货物运输、配送、跨境支付以及商品质量保证。

3. 加强信息数据安全、合法的跨境传递与合作

不同国家对于数据管理、消费者权益保护以及可在线获得的信息有不同的法规，这些都对开展跨境贸易产生制约影响，这些制约不仅制造了新的市场壁垒，还推高了中小微企业进军全球市场的成本。因为要想在电子商务市场获得成功，先决条件是信息数据可以通过自由且有效的方式跨境传递，而不受科技壁垒或反竞争瓶颈的制约。

（五）促进金砖国家中小企业的合作与发展

金砖国家电子商务合作与发展的直接作用之一就是带动和促进了中小企业的发展，进而促进经济和就业增长。在电子商务快速发展的背景和金砖国家经济伙伴战略框架下，促进金砖国家中小企业的合作与发展具有光明的前景和意义。

促进金砖国家中小企业的合作与发展，关键在于尽快破除影响和制约中小企业发展的市场障碍和制度障碍，降低中小企业的市场准入成本、市场运营成本和参与全球化经济的成本。[①]

从金砖国家中小企业的发展现状和趋势来看，可以考虑从以下三个方面促进金砖国家中小企业合作与发展：

一是构建金砖国家中小企业和电子商务发展信息平台。构建一个跨境的、跨地域的为中小企业服务的电商平台，在时机适宜的条件下，积极推动“中小企业和电子商务的有效联盟”项目[②]进展，帮助中小企业参与到世界的电商供应链中，更好地参与全球经济。

二是提供物流和配送平台和共享服务，降低中小企业电子商务发展的成本。中小企业因企业规模小，对物流和配送成本更加敏感，因此，加强物流和配送基础设施能力的战略合作，为更多的中小企业提供有偿的共享服务，不仅可以降低中小企业的运营成本，而且也可以通过为中小企业提供可负担的物流能力而提升其使用互联网的效率，有助于中小企业更好地参与全球经济，促进中小企业的发展。

三是促进中小企业互联网应用技术创新的能力，通过电子商务促进中小微企业进一步融入区域和全球价值链。中小微企业以相对低的资金成本提供大量就业岗位，并且在农村和不发达地区

---

① International Trade Centre (ITC), Bringing SMEs onto the e-Commerce Highway, Geneva: ITC, 2016.

② UNIDO, 2016.

创造自主创业机会,通过电子商务和中小企业的合作发展,大量弱势群体参与全球经济活动并获得就业和收入,在很大程度上促进了财富分配在国家及全球层面的均衡和公平化。

参考文献

[1] 阿里研究院：《2016 中国跨境电商发展报告》，http://www.aliresearch.com/。

[2] 阿里研究院：《2017 中国智慧物流大数据发展报告》，http://www.aliresearch.com/。

[3] 阿里研究院：《2016 全球跨境 B2C 电商市场展望》，http://www.aliresearch.com/。

[4] 阿里研究院，E-COMMERCE IN CHINA：OPPORTUNITIES FOR ASIAN FIRMS，http://www.aliresearch.com/。

[5] 阿里研究院等：《中国电子商务发展指数报告（2014—2015）》，http://www.aliresearch.com/。

[6] 艾瑞咨询：《2016 年中国 B2B 电子商务行业研究报告》，http://www.iresearch.com.cn/。

[7] 艾瑞咨询：《2016 年中国电商生命力报告》，http://www.

iresearch.com.cn/。
[8] 艾瑞咨询:《中国跨境进口零售电商行业研究报告》,http://www.iresearch.com.cn/。
[9] 艾瑞咨询:《2016 年中国电商研究报告》,http://www.iresearch.com.cn/。
[10] 艾瑞咨询:《2016 年中国跨境网购用户研究报告》,http://www.iresearch.com.cn/。
[11] 联合国贸易和发展会议:《2015 年经济信息报告》。
[12] 京东研究院:京东总部调研资料。
[13] 金砖国家领导人第八次会晤果阿宣言:印度果阿,http://news.xinhuanet.com/2016-10/17/c_1119727552.htm。
[14] 中国商务部:《电子商务"十三五"发展规划》,http://images.mofcom.gov.cn/dzsws/201612/20161229191628547.pdf。
[15] 中华人民共和国科技部国际合作司,http://www.most.gov.cn/tztg/201605/t20160527_125839.htm。
[16] 中国电子商务研究中心:《2015—2016 年中国出口跨境电子商务发展报告》。
[17] 中国电子商务研究中心:《2015 年度中国电子商务人才状况调查报告》。
[18] 中国商务部欧亚司:《2015 年俄罗斯电子商务发展情况》,http://oys.mofcom.gov.cn/article/oyyscy/201605/20160501320657.shtml。
[19] 中国电子商务研究中心:《2016 年度中国电子商务市场数据监测报告》。

[20] 中国电子商务研究中心:《2016 年度中国网络零售市场数据监测报告》。

[21] 中国电子商务研究中心:《2015—2016 年中国出口跨境电子商务发展报告》。

[22] 中国电子商务研究中心:《2015 年度中国电子商务人才状况调查报告》。

[23] 中国互联网络信息中心:《2015 年中国网络购物市场研究报告》。

[24] 中国互联网络信息中心:《国家信息化发展评价报告(2016)》。

[25] 中国工业和信息化部:《2017 年 1—4 月份通信业经济运行情况》。

[26] Acapture (2014). Cross-Border Ecommerce Infographic India 2014. Retrieved May 09, 2016: Http://www. acapture. com/Cross-Border-Ecommerce-Infographic-India-2014/Ecommercefoundation.

[27] Brazil B2c E-Commerce Report 2016,www.ecommercefoundation.org.

[28] Data Insight, 2016, E-Commerce Order Fulfillment Services.

[29] Data Insight, 2016, Ecommerce and Epayments Markets In Russia: Trends, Analytics, Perspectives.

[30] Data Insight, 2016, Russian E-Commerce Market 2014. Annual Report.

[31] Data Insight, 2016, Russian E-Commerce Market 2014. Annual Report.

[32] Cheang Ming: *Google wants to get more Indian businesses online*Google (India and South-EastAsia), http://www.cnbc.com/2017/01/09/google-wants-to-get-more-indian-businesses-online.html.

[33] E- Commerce Industry Report June 2016, www.effectivemeasure.com.

[34] Economic Foundation, *Global B2C E-commerce Report* 2016.

[35] Google and KPMG joint research, *Impact of internet and digitisation on SMBs in India*, 9 Jan 2017, http://www.ebrun.com/20160314/168771.shtml.

[36] International Trade Centre (ITC), Bringing SMEs onto the E-Commerce Highway.

[37] International Trade Centre (ITC), SME Competitiveness Outlook 2016: Meeting the Standard for Trade, http://www.intracen.org/SMEOutlook/SMECO2016/.

[38] International Trade Centre (ITC), Bringing SMEs onto the E-Commerce Highway.

[39] International Trade Centre (ITC), E-Commerce in China Opportunities for Asian Firms.http://www.intracen.org/.

[40] "Internet Economics—A Thinker's Guide" The Economist, April 1, 2000.

[41] International Trade Centre (ITC), Bringing SMEs onto the

e-Commerce Highway，Geneva：ITC，2016.

[42] United Nations，Department of Economic and Social Affairs，Population Division，*World Population Prospects*，*the* 2015 *Revision*. https://esa.un.org/unpd/wpp/Download/Standard/Population/.

[43] UNCTAD，*INFORMATION ECONOMY REPORT* 2015.

[44] https://paytm.com/.

[45] World Economic Forum：GlobalIn formation Technology Report 2014，http://reports.weforum.org/global-information-technology-report-2014/#.

图书在版编目(CIP)数据

金砖国家中小企业电子商务发展报告.2017/上海社会科学院经济研究所,联合国工业发展组织主编.—上海:上海社会科学院出版社,2018
ISBN 978-7-5520-2408-1

Ⅰ.①金… Ⅱ.①上… ②联… Ⅲ.①中小企业—电子商务—经济发展—研究报告—世界—2017 Ⅳ.①F279.15

中国版本图书馆 CIP 数据核字(2018)第 179558 号

金砖国家中小企业电子商务发展报告(2017)

主　　编:上海社会科学院经济研究所、联合国工业发展组织
责任编辑:董汉玲
封面设计:周清华
出版发行:上海社会科学院出版社
上海顺昌路 622 号　邮编 200025
电话总机 021-63315900　销售热线 021-53063735
http://www.sassp.org.cn　E-mail:sassp@sass.org.cn
排　　版:南京展望文化发展有限公司
印　　刷:常熟市大宏印刷有限公司
开　　本:710×1010 毫米　1/16 开
印　　张:12.75
插　　页:2
字　　数:129 千字
版　　次:2018 年 8 月第 1 版　　2018 年 8 月第 1 次印刷

ISBN 978-7-5520-2408-1/k·462　　定价:68.00 元